# こども
# リスクマネジメント

★なぜリスクマネジメントが大切なのかがわかる本★

KANZEN

# はじめに

## 失敗をおそれずに、前へ進むためにも
## リスクマネジメントの知識を身につけよう！

　人間の活動には必ずリスクがあり、だれにでも日常生活でさまざまなリスクが発生してピンチに陥ることがあります。しかし、今の私たち日本人の大人にもこどもにも欠けているのが、「リスクにどう対応するか」というリスクマネジメントです。

　最近は変化が激しく、自然災害も含めて予測不可能なVUCA（Volatility【変動性】、Uncertainty【不確実性】、Complexity【複雑性】、Ambiguity【曖昧性】）の頭文字を取った造語）の時代といわれ、リスクと共存しながら生きていく必要が増しています。

　これまでに自分がさまざまな局面で判断・決断して、行動した結果が「今の自分」です。未来に目を向ければ、今後さまざまなことに直面したときに「どうするか」を判断し、決断して行動する──その連続によって、これからの自分はつくられていきます。

　一般的に日本人はリスクに対する考え方が甘く、自分で考え、自分の責任で行動する習慣が少ないといわれます。また、日本人のイメージは完ぺき主義の傾向が強く、失敗を許さない風潮があります。そんな背景もあり、諸外国の人々に比べると、「失敗しそうなことから逃げてしまいがち」かもしれません。もちろん、生命の危険をともなうようなリスクは絶対に避ける必要はあります。しかし、それ以外の失敗は人間の成長にとって必要不可欠です。

　アメリカに目を向けると、その強さの背景のひとつに、西部開拓時代のフロンティア（開拓者）精神が、脈々と流れているのだと思

います。開拓者たちは自然の脅威といったリスクや予期せぬさまざまな失敗を乗り越えながら、見知らぬ土地に踏み込む勇気をもって前へ進んでいくことで、未開の土地だったアメリカを開拓していきました。

　だれもが失敗をしたくはありませんし、ピンチに直面したくもありません。しかし、人は前に進もうとすれば、失敗やピンチに陥るリスクは避けられません。だからこそ、私たちはリスクに対し、どのように準備し、どう対処するかを学んでおく必要があります。

　本書では、2020年ごろからアメリカのビジネス界で注目され始め、日本企業でも重要視されつつある、「みる」「わかる」「きめる」「うごく」の4つのステップからなる「OODAループ」を用いてピンチに強い人になることをめざします。

　OODAループとは、目の前のことを「みる（観察する）」、そのみたもの、気づいたものが何であるか、この先どうなるかを「わかる（状況判断する）」、自分が大事だと思うことを守ったり、目的を実現するにはどうするかを「きめる（決断する）」、その決めたことを速やかに「うごく（実行する）」という一連の流れを、意識して行うことです。

　人間は「習慣の動物」です。こどものうちからOODAループを習慣化しておくと、リスクに強くなり、それによって大人になってからも活躍をする場が広がることは間違いありません。

元日本航空機長・危機管理専門家<br>小林宏之

【もくじ】

- はじめに ……………………………………………………… 2

## 第1章

### ピンチのとき、あなたならどうする?

1. 忘れ物をしてしまった! あなたならどうする? ……… 10
2. テストの点が悪かった…… あなたならどうする? …… 12
3. ケガや病気をしてしまった! あなたならどうする? … 14
4. トイレに間に合わなそう…… あなたならどうする? … 16
5. 災害にあったら、あなたならどうする? ……………… 18
6. 先生に急に指された! あなたならどうする? ………… 20
7. いじめにあったら、あなたならどうする? …………… 22
8. 歩きスマホをしたい…… あなたならどうする? ……… 24

**COLUMN《ピンチを切り抜けた、知っておきたい事故①》**
- USエアウェイズ1549便不時着水事故〜その1 ……… 26

## 第2章

### 世の中はさまざまなリスクにあふれてる

1. 日常で直面するさまざまなピンチが「リスク」……… 28
2. 「リスクマネジメント」と「クライシスマネジメント」… 30

| 3 | リスクの大きさをどう考えるのだろう？ | 32 |
| 4 | 予測できるピンチと予測できないピンチがある！ | 34 |
| 5 | ミスはしょうがない！人間は必ずをミスする | 36 |

COLUMN《ピンチを切り抜けた、知っておきたい事故①》
● USエアウェイズ1549便不時着水事故〜その2 …… 38

# 第3章

## ピンチのときに役に立つ考え方「OODA」

| 1 | 戦闘機のパイロットがつくった「OODA」 | 40 |
| 2 | ピンチのときに役立つ「OODA」という考え方 | 42 |
| 3 | 「OODA」はループする | 44 |
| 4 | OODAに似た「PDCA」を知っておこう | 46 |
| 5 | OODAとPDCAの違いをみてみよう！ | 48 |

COLUMN《ピンチを切り抜けた、知っておきたい事故①》
● USエアウェイズ1549便不時着水事故〜その3 …… 50

# 第4章

## 《Observe》しっかり「みる」力を鍛えよう！

| 1 | リスクを避けるには周りを観察することが大事 | 52 |

【もくじ】

| 2 | 4つ"眼"でものごとを観察するクセをつけよう！ | 54 |
| 3 | "虫の眼"で細かいことまで正確に読み取る！ | 56 |
| 4 | "鳥の眼"で全体を見渡してみる | 58 |
| 5 | "魚の眼"で流れや変化にいち早く気づく！ | 60 |
| 6 | "コウモリの眼"で逆さまになって「みる」 | 62 |
| 7 | 4つの「眼」に加えて大切なもうひとつの"心の眼" | 64 |
| 8 | 「三現主義」で観察力をアップさせる | 66 |

COLUMN《ピンチを切り抜けた、知っておきたい事故②》
● JAL機と海上保安庁機による羽田空港地上衝突事故〜その1 …… 68

## 第5章 《Orient》状況を「わかる」ことが大事！

| 1 | 状況が「わかる」には情報が大事！ | 70 |
| 2 | 情報源がどこなのかを調べるクセをつけよう | 72 |
| 3 | 悲観的に準備することが大事！ | 74 |
| 4 | 都合の悪い情報にも目を背けない！ | 76 |
| 5 | なかなか難しいけど、先入観を排除する | 78 |
| 6 | 「何が最も大切か」を考えるクセをつけよう | 80 |
| 7 | ピンチになったら100％はめざさないほうがいい！ | 82 |
| 8 | 無駄になってしまいそうな準備をすることも大切 | 84 |

COLUMN《ピンチを切り抜けた、知っておきたい事故②》
● JAL機と海上保安庁機による羽田空港地上衝突事故〜その2 …… 86

## 第6章

### 《Decide》決めるときは大胆に「きめる」!

1 「判断」と「決断」の違いをしっかりと区別しよう! ……… 88
2 「きめる」ときに大事なのは「覚悟」すること ……… 90
3 判断が遅れるほど、状況は悪化する ……… 92
4 覚悟を決めて「決断」した杉原千畝 ……… 94
5 決断力アップのために日ごろからできること ……… 96

COLUMN《ピンチを切り抜けた、知っておきたい事故②》
● JAL機と海上保安庁機による羽田空港地上衝突事故〜その3 …… 98

## 第7章

### 《Act》きっとうまくいくと思って「うごく」!

1 いくら考えていても行動しないと変わらない! ……… 100
2 「行動する」と決めたならすぐに「うごく」! ……… 102
3 失敗をおそれずに楽観的に行動しよう! ……… 104
4 行動するのが怖かったら、「行動しない場合」を考える ……… 106
5 反省をして、次の行動をよりよいものにしよう! ……… 108

COLUMN《ピンチを切り抜けた、知っておきたい事故②》
● JAL機と海上保安庁機による羽田空港地上衝突事故〜その4 …… 110

【もくじ】

## 第8章 ピンチに備えた日ごろの準備と心がまえ

1 生活習慣を変えれば、将来のピンチを減らせる！ ……… 112
2 学校や家でできることを考えよう！ ……… 114
3 おうちの人と「ピンチ」について話し合ってみよう！ ……… 116
4 「苦労は買ってでもせよ」で困難に立ち向かおう！ ……… 118
5 これからもピンチは必ず訪れる！ ……… 120
6 ピンチが起こったら「自分のせいかも？」と考える ……… 122
7 ピンチはピンチではない！ チャンスと考えよう！ ……… 124

- 参考文献 ……… 126
- さくいん ……… 127

# 第1章
# ピンチのとき、あなたならどうする？

# 1

# 忘れ物をしてしまった！
# あなたならどうする？

## ★ だれもが一度はしたことがあるはず！

　みなさんにもきっとこんな経験があるはずです。
「体育があるのに体操着を忘れた！」
「大事なノートを忘れた！」
「筆箱にあるはずの消しゴムがない！」

　こんなとき、みなさんはどうするでしょうか。パニックになって、「どうしよう、どうしよう」と心臓がドキドキするかもしれません。どうしていいかわからず焦ってしまって、頭のなかが真っ白になるかもしれません。「なんとかうまくやり過ごせますように」と神頼みをする人もいるでしょうし、「あー、忘れないように机の上に置いておいたのに！」と自分のダメさに落ち込む人もいるでしょう。

　でも心臓がドキドキしたり、神頼みをしたところで、家に忘れた体操着やノートは学校に飛んできてはくれません。

　こんなとき先生に正直に話す人もいるでしょうし、友だちに相談する人もいるでしょう。なかには、忘れ物をしたことをクラスメイトにバレるのがイヤで、なんとかして隠し通そうとする人もいるはずです。もし忘れ物をしてピンチになったとき、あなたはどんな行動をとっているでしょうか？　少し思い出してみてください。

第1章 ピンチのとき、あなたならどうする？

## 忘れ物をしたときのことを思い出してみよう！

**忘れ物をしたとき、どんな行動をとるか思い出してみて！**

### ？ 考えてみよう

- 忘れ物をしたとき、どんな気持ちになる？
- ピンチになったら、焦るタイプ？ 焦らないタイプ？
- 忘れ物をしたら、対策を考える？ 考えない？

11

# 2

# テストの点が悪かった……あなたならどうする?

## ★ 点が悪くて悩ましいときの行動

「テストの点が思ったよりも悪かった……」
「一生懸命勉強したのに、結果が出なかった……」
　みなさんにもきっとこんな経験があるはずです。こんなとき、みなさんはどんなことを考えるでしょうか。
「こんな点数ではおうちの人に絶対に文句を言われてしまう」と、何よりも先にこれから起こりそうな事態を想像して、「3を8に変えて、32点を82点にできないだろうか」などとズルすることを考えたり、「結果を聞かれるまで、おうちの人には点数を言わない!」と決意を固める人もいるかもしれません。なかには、「自分はダメだ」と落ち込んだり、「これは自分の実力ではない」とあれこれ理由をつけて言い訳にすることで、そのことに向き合わない人もいるでしょう。
　しかし、答案用紙を隠しておうちの人にバレずに済んでも、「なかったことにしよう」と自分の気持ちをなんとかごまかせたとしても、「点数が悪かった」という事実は変わりません。
　こんなとき、次回のテストに向けてどんなことを考えるでしょうか。それとも、テストのことを考えると気分が悪くなるので、きれいさっぱり忘れてやり過ごすのでしょうか。あなたはどうしていますか?

第1章 ピンチのとき、あなたならどうする？

## 都合の悪いことは隠しきれない!?

**悪かったテストの点数を隠すことに、何の意味があるのだろうか？**

❓ 考えてみよう
- テストの点数が予想以上に悪かったとき、その事実を受け入れる？ 見てみないフリをする？
- 次にどうすればいいかを考える？ 考えない？

# 3

# ケガや病気をしてしまった！あなたならどうする？

## ★冷静に対応するってどんなことだろう？

「遊んでいるときに転んでヒザをすりむいてしまった……」
「体育の時間にボールが当たって手が痛くなった……」
「風邪をひいて、熱が出てしまった……」
「おなかが痛くて動けない……」

　こんなとき、あなたはどんな行動をしているでしょうか。
　痛いところを触ったら出血していて、それにびっくりして泣き出してしまうかもしれません。ぼーっとして何も考えられないかもしれません。それでも、こんなときは冷静に対処することが大切です。
　「病気に負けない！」「自分は強いからケガの痛みなんてへっちゃらさ」と強がる人もいるかもしれませんが、「これなら大丈夫そうだ」とあなたが思っても、あなたは医者ではありませんから本当のことはわかりません。もしかしたら大きなケガや病気の可能性もあります。
　冷静に対応するということは、「ケガをしても泣かない」「痛くても痛くないフリをする」ということではないはずです。近くにいる大人に助けを求めたり、念のために病院に行くことではないでしょうか。
　ケガや病気をすれば、不安になるのは当然です。そんなときにあなたは何を考え、どんな行動をしていますか。

第1章 ピンチのとき、あなたならどうする？

無理をして我慢してしまったことはない？

ケガや病気をあまりにも我慢すると、状況を悪化させてしまうかも！

**考えてみよう**
- 病気やケガをしてしまったとき、周囲の大人にすぐに言う？ ギリギリまで我慢する？
- 病気やケガを早く知らせず、悪化したことはない？

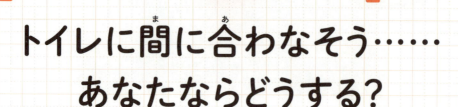

# トイレに間に合わなそう……
# あなたならどうする?

## ★「もらしてしまったら」を想像して行動する

「授業中に急にトイレに行きたくなってしまった……」
「遠足や運動会の途中でおなかが痛くなった……」

　こんなときは、「どうしよう、どうしよう」と焦ってしまいます。「恥ずかしくてトイレに行きたいなんて言えない!」と思う人もいるでしょう。でも焦ったり、我慢したりしても状況はよくなりません。こんなときは自分にとって何が大切かを冷静に考えるべきです。
「トイレに行きたい」と言うのが恥ずかしくても、我慢を続ければ、いずれもらしてしまうでしょう。それなら授業中でも恥ずかしさを乗り越えて、先生に「トイレに行きたい」と正直に言ったほうがいいはず。授業中でも「トイレはダメ!」なんて先生が言うはずありません。
　それでも、「トイレに行きたいなんて言えない」と思ってしまう人は、最悪の事態になったときのことを想像するといいかもしれません。下手をすれば、「おもらし人間!」「うんちマン!」と、卒業するまで冷やかし続ける意地悪なクラスメイトがいるかもしれません。
　あなたは、本当にピンチになったとき、「トイレに行きたい」とすぐに言えますか、それともギリギリまで我慢をしますか。どの選択が自分にとっていちばんよいかを考えてみましょう。

第1章 ピンチのとき、あなたならどうする？

恥ずかしいからといって、
我慢したり、ためらうことはない？

**? 考えてみよう**

● 焦ったときに冷静に考えることができないのは、どうしてだろう？ その理由を考えたことはある？

# 災害にあったら、あなたならどうする?

## ★ めったにないからといって甘く見てない?

　地震や大雨による洪水、自宅の火事、強風で屋根が飛ぶなど、災害は私たちの身近な場所でいつでも起こる可能性があります。

　たとえば、「自宅が火事になって、すぐに逃げなければいけない」という状況を想像してみてください。もしあなたの部屋にとても大切なものがあったら、それを持ち出したくなるかもしれません。しかし、その瞬間、火が予想以上に広がれば、あなたの命に危険が及ぶこともあるのです。そんなとき、何がいちばん大切でしょうか。

　学校では、地震や火事が起こったときのために避難訓練をします。地震が起こったら、まず机の下に隠れて頭を守り、その後、先生の指示に従って安全な場所に避難する訓練です。津波や洪水が発生しそうなときは、海や川の近くから離れて高い場所に避難します。災害に対しては、こうした訓練を通して、ふだんから避難経路を確認することが大切です。家では非常用の食料や飲み水、懐中電灯、薬など、災害時に必要なものを準備しているかもしれません。

　では、「今まで大丈夫だったし、今後もたいしたことは起こらない」と思ったり、「洪水なんてめったにないから、そのとき考えればいい」「準備しているから大丈夫！」と軽く考えてもいいのでしょうか。

## たった一度の災害が致命的になることも

### 今まで大丈夫だったからといって、この先も大丈夫と言い切れる？

**? 考えてみよう**
- 災害になったことを本気で想像したことはある？
- おうちの人と災害になったときに、どうするかを話し合ったことはある？

第1章 ピンチのとき、あなたならどうする？

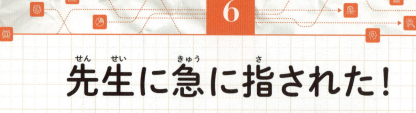

# 先生に急に指された！
# あなたならどうする？

## ★ 知っているフリをするのは意味がない

「答えがわからないのに、授業中、突然先生に指名された！」
「手を挙げていないのに、先生に当てられた……」

　こんなとき、みなさんはどうするでしょうか。「どうしよう、どうしよう」と焦ってしまうかもしれません。答えがわからなくて、不安になることもあるでしょう。

　もし答えがわからないなら、その場でいくら考えてもわかるはずはありません。それなのに、「うーん、なんだったっけ」とわかっているフリをする人がいます。「わかりません」と素直に答えれば、先生は教えることが仕事ですから、ていねいに教えてくれるはずです。

　なかには「完ぺきに答えないといけない」と思っている人もいますが、「○○については少しわかるのですが……」とわかる範囲で答えればいいのです。いずれにしろ、「わからない」と言って、先生に何が理解できていないかを知ってもらうほうが、先生は教えやすいですし、わからないことを的確に理解できる機会に恵まれるはずです。

　問題に答えられないとき、あなたにとって最も大切なのは「恥をかかないこと」よりも「わからないことを理解すること」であるはずです。あなたはわからないときにどんな行動をしていますか？

第1章 ピンチのとき、あなたならどうする？

「「わかりません」と言ったほうがよくない？」

その場かぎりの言い訳は
問題を先送りしているだけかも！

? 考えてみよう
- 「先生に指されたくない」と思っているときに指されたら、いつもどんな感じか思い出してみて。
- どうしてわからないことを隠したがるのだろう？

# いじめにあったら、あなたならどうする？

## ★ いじめられたときは、逃げたっていい

「学校で何度もイヤなことを言われたり、からかわれるので悲しい」
「何もしていないのに無視されていて学校に行くのがつらい」

　いじめられると本当につらく、悲しくなります。いじめは自分だけでは解決できないので、どうしていいかわからなくなるでしょう。

　いじめにあったときは、先生や親、信頼できる大人に「いじめにあってつらい」と相談すれば、きっと助けてくれるはずです。仲のよい友だちがいるなら、きっと解決の手助けをしてくれるはずです。

　もし「死んでしまいたい」と思うほどつらいなら、学校に行かないという選択だって悪くありません。自分を守るために安全な場所へ逃げたっていいのです。

　人によっては「おうちの人に知られると心配されるから」とひとりで抱え込んでしまうかもしれません。でも、おうちの人のことを気遣うよりも、「自分を守ること」のほうが大切ではないでしょうか。あなたにとっていちばん大切なのはあなた自身だからです。

　実際にいじめにあったことがなければ、いじめられるつらさを想像することは難しいかもしれません。それでも、「もしいじめられたら……」と想像してみてください。あなたはどうするでしょうか。

第1章 ピンチのとき、あなたならどうする？

いじめにあったら、どうするだろう？

「学校に通うこと」と「自分のこと」の
どちらが自分にとって大事だろう？

**考えてみよう**

- もしいじめられてしまったら、
あなたはどんな行動をとるだろう？
それは自分を本当に守ることになるだろうか？

# 歩きスマホをしたい……あなたならどうする?

## ★スマホに夢中で事故にあう人もいる

「歩きスマホ」はとても危険です。多くの場所で歩きスマホが禁止されているのは、スマホを見ていると視野が狭くなって、交通事故にあったり、段差でつまずいたりする可能性が高く危ないからです。

実際に歩きスマホが原因の事故はたくさん起こっています。2021年7月には、スマホに夢中になっていた女性が列車にはねられて亡くなる事故が起きています。この女性は踏切を渡る際、スマホを両手で持ち、その画面を見ながら歩いていました。周りの人は遮断機が下り始めると急いで踏切を出ましたが、この女性はスマホに集中していて勘違いしたのか、なぜか遮断機の手前で立ち止まり、線路内に侵入した状態で列車の通過を待ってしまったのです。

亡くなった女性は、「自分の命」より「スマホを見ること」が大切だったのでしょうか。そんなはずはありません。しかし、このときは「スマホを優先」した行動でした。このように、日常生活で何を優先するかを間違えると取り返しがつかないことになることもあるのです。

あなたは歩きスマホをしていませんか。「今まで事故にあっていないから大丈夫」という声が聞こえてきそうですが、「これからも絶対に大丈夫」と言い切れるでしょうか。

24

第1章 ピンチのとき、あなたならどうする？

### いつもは大丈夫でも、一度の危険が命取りになるかも

### 歩きスマホで事故にあった人のことを「自分には関係ない」と言い切れる？

**? 考えてみよう**

- ふだん、歩きスマホをしていない？
- 歩きスマホをして100％安全といえるだろうか？
- 命よりスマホ優先の行動をする人をどう思う？

25

★★★ COLUMN ★★★

《 ピンチを切り抜けた、知っておきたい事故① 》

## USエアウェイズ1549便 不時着水事故

「ハドソン川の奇跡」は、2009年1月15日にアメリカで起こった出来事で、旅客機のパイロットであるチェズレイ・サレンバーガー機長が、多くの命を救ったという奇跡的な話です。では、どんな奇跡だったのでしょうか。

乗員・乗客155名を乗せたUSエアウェイズ1549便は、ニューヨークのラガーディア空港を出発した直後、予期せず大きな鳥の群れに衝突して、2つのエンジンが同時に壊れて動かなくなりました。その後、エンジンが止まってしまった1549便はどんどん高度を失うという絶体絶命のピンチに陥ります。

サレンバーガー機長はすぐに「何が起こったか」を理解し、次に「どこに着陸すれば全員が助かるか」を瞬時に考えました。このとき、「近くの空港に戻るか」「川に着水するか」という究極の選択を求められましたが、すでに空港まで戻ることができないと判断しました。すると、彼は大胆にもハドソン川に緊急着水することを決断したのです（→38ページへ続く）。

サレンバーガー機長

# 第2章

# 世の中はさまざまなリスクにあふれている

# 日常で直面するさまざまなピンチが「リスク」

## ★避けられないピンチは成長のチャンスかも

「リスク」と聞くと、「なんだか難しそうだなぁ」と感じるかもしれません。簡単に言うと、「未来に起こるかもしれない困難」や「何かが悪い方向に進む可能性」のことです。あなたにとっての「ピンチ」になることといってもいいかもしれません。

私たちは日常生活でたくさんのリスクに向き合っています。友だちとの約束を忘れてしまったり、雨が降ってきたのに傘を持っていなかったり、授業で先生に当てられて、「ピンチ！」と思ったことはないでしょうか。「ピンチなんてないほうがいい」と思うのは当然ですが、ピンチやトラブルと無縁の人生を送れる人はいません。

リスクを完全に避けることはできませんが、リスクをできるかぎり減らし、リスクに直面したときのダメージをできるだけ小さくする努力はできます。たとえば、忘れ物をしないように対策したり、地震が起きてもケガをしないよう、家具が倒れないように準備することはできます。このような「リスクに向き合い、うまく対処すること」を「リスクマネジメント」といいます。

リスクに向き合うことで人は学び、成長します。残念ながら世の中はリスクだらけです。だからこそ、リスクに強くなることが大切です。

## 「リスク」とは、いったいなんだ?

第2章 世の中はさまざまなリスクにあふれている

### リスク　Risk

【意味】何かがうまくいかなかったり、失敗するかもしれないこと。たとえば、友だちとの約束を忘れてしまったり、テストが難しくていい点が取れないかもしれない、というようなことです。リスクは「ピンチ」ともいえます。

### リスクマネジメント　Risk management

【意味】何か悪いことや「ピンチ」が起こるかもしれないときに、その状況を少しでも和らげるために、あらかじめ準備をしておくこと。たとえば、雨が降るかもしれない日に傘を持っていくことはリスクマネジメントです。

「リスクマネジメント」なんてこども向けの言葉じゃないよ! もうちょっと簡単な言葉はないの? と思ったんだけど……。

- 身の回りのリスクを考えてみよう!
- おうちの人にどんなリスクマネジメントをしているのかを聞いてみて!

# 「リスクマネジメント」と「クライシスマネジメント」

## ★リスクの「予防」と「対応」の違いがある

　私たちは交通事故にあうリスクや、突然の自然災害、予期せぬ病気、さらには計画どおりにものごとが進まないといった、さまざまなリスクに囲まれて生きています。すべてのリスクは避けられないので、その影響を最小限に抑えるために予防策を考え、実際にリスクが発生しないようにする「リスクマネジメント」が重要です。たとえば、台風による停電や外出ができなくなるリスクに備え、非常食や防災グッズを用意するのは「リスクマネジメント」の一例といえます。

　一方、実際にピンチになったときに、いかにして被害を最小限に抑えるために行動するかを考えるのが「クライシスマネジメント（日本語で「危機管理」という）」です。たとえば、津波が起こったときに、「命を守るために素早く高台に上がる」のはその一例です。

　整理をすると、リスクマネジメントは問題が起こる前の「予防」、クライシスマネジメントは問題が実際に起こったあとの「対応」です。ただし、この2つを厳密には使い分けず、「リスクマネジメント」と表現する場合が多くなっています。右のページで、その違いを整理していますが、本書でも2つを厳密に使い分けずに、「リスクマネジメント」としています。

## 「リスクマネジメント」と「クライシスマネジメント」の違い

### リスクマネジメント
これから発生するかもしれない危機に対して **事前に備えておくこと**

### クライシスマネジメント（危機管理）
発生した危機に対してそこから受けるダメージを **なるべく減らすこと**

虫歯にたとえると……

虫歯にならないように歯を磨く

虫歯になったら……歯の治療をする

この2つの意味は異なりますが、多くの人が両方を「リスクマネジメント」と考えています。違いがあることを理解しておきましょう。

第2章 世の中はさまざまなリスクにあふれている

---

**? 考えてみよう**

- 身の回りにはどんなリスクがあるだろう?
- ふだんからリスクを避けるために、「リスクマネジメント」をしていることはある?

31

# リスクの大きさを どう考えるのだろう？

## ★リスクを考えて準備するための3ステップ

何か大事なことをする前に、うまくいかないかもしれないこと（リスク）を考えて準備することは大切です。リスクを考えるための簡単な3つのステップを紹介します。

**ステップ①：リスクを洗い出す**

まず、やろうとしていることにどんなリスクがあるかを考えます。運動会のリレーに出場する場合であれば、「転んでケガをする」「バトンを落とす」などのリスクが考えられます。

**ステップ②：リスクの確率と影響を考える**

次に、そのリスクがどれくらいの確率で起こりそうか、そして起こったときにどれくらい大変かを考えます。「転ぶ確率は低いけど、もし転んだら大変」「バトンを落とす可能性は少ないけど、もし落としてしまったら優勝するのはかなり難しくなる」などです。

**ステップ③：リスクの大きさを測る**

最後に、リスクの大きさを測ります。右ページの計算式のように、「リスクの発生確率」と「被害の大きさ」をかけ合わせて、「リスクの大きさ」を把握します。その大きさをイメージしてしっかり準備することができれば、どんなときでもリスクに対応しやすくなります。

## リスクの大きさを考える方程式

$$R = P \times D$$

- R : Risk リスク
- P : Probability リスクの発生確率
- D : Damage 被害の大きさ

▶この式からわかること

- リスクが発生する確率が低くても被害が大きい場合
- リスクの被害が小さくても発生の確率が高い場合

→ **リスクが大きい！**

「リスクの発生確率」と「被害の大きさ」の数値化はできませんが、リスクの大きさを測るときに、この数式を頭に入れておけば、リスクの大きさを読み間違える可能性を減らしてくれるはずです！

第2章 世の中はさまざまなリスクにあふれている

- 発生確率が高いリスクにはどんなことがある？
- どんなことが被害の大きなリスクだと思う？

# 4

# 予測できるピンチと予測できないピンチがある！

## ★ 予測できないピンチもたくさん起こる

　日常生活にはさまざまなピンチが潜んでいます。予測できるピンチであれば、リスクの大きさを事前に考え対策を立てることができますが、なかには「予測できないピンチ」も存在します。

　たとえば予測できるピンチには、「明日、体操着を忘れるかもしれない」「雨が降るかもしれない」といったことがあります。これらは前もって準備や計画を立てて対処することが可能です。

　一方で、「友だちとのケンカが起きる」「試験で予想外の問題が出る」といった予測できないピンチもあります。このようなピンチは予測できないのですから、事前の準備や対策を立てることはできません。もし、こうした突然のトラブルに直面したらあわてず冷静に考えることが大切です。友だちとの不測の事態が起きたら、話し合いをして解決策を見つける努力をしたり、試験で予想外の問題が出たら、自分の知識を最大限に活用して問題に立ち向かうことが求められます。

　予測できない事態を想像して不安になるかもしれません。ただ必要以上に不安を感じてもあまり意味がありません。不安になったところで事前に対策を打てないからです。どんなピンチもチャレンジとして受け止め、次に何をすべきかを考えながら行動することが大切です。

## 予測できるピンチと予測できないピンチ

### 予測できるピンチ

● 明日、体操着を忘れるかもしれない
→ 事前に準備をする習慣をつけ、忘れ物をしないようにする。

● 雨が降るかもしれない
→ 天気予報を確認して、雨具を準備することができる。

● 習ったところがテストで出題されるかもしれない
→ 予習や復習をしっかり行うことで、テストに備えることができる。

➡ 事前に対策できる

### 予測できないピンチ

● 友だちとのケンカが起きる
→ 突然起こることが多いが、冷静に話し合って解決策を探すことが大切。

● 試験で予想外の問題が出る
→ 予想外の事態だが、自分の知識を活用して問題に立ち向かう必要がある。

● 急に学校の行事が変更になる
→ 予測不可能だが、柔軟に対応することが求められる。

➡ 事前の対策が難しい

( どんなピンチも成長のチャンス！ )

予測できないことに不安になって、いつもどうしようって思っちゃうの……。

予測できないのに「どうしよう」と考えてもわかるわけないよ。そうなったときに考えればいいんだ！

 考えてみよう

● よくわからないリスクに不安になることはない？
● 予測できないピンチが起こったときに、頭が真っ白になったり、パニックになったりしない？

第2章 世の中はさまざまなリスクにあふれている

# 5

# ミスはしょうがない！人間は必ずミスをする

## ★ミスは成長のヒントを与えてくれる

　計算ミスをしたり、食事中に牛乳をこぼしたり、忘れ物をしたり、友だちとの約束を忘れたり、これまでにさまざまなミスをした経験があるはずです。ミスをすると、恥ずかしかったり、がっかりしたりします。こうしたミスがさらなるピンチを招くこともあります。

　でも、どんなにすごい人でも必ずミスをします。サッカーのメッシ選手だってシュートを外しますし、大谷翔平選手だってよく三振をします。ホームランより三振のほうがはるかに多いのです。

　ミスは悪いことばかりではなく、いい面もたくさんあります。なぜなら、ミスは「何が間違っていたのか」を考えるきっかけになり、「その間違いを直すためにどうすればいいか」を工夫するきっかけになるからです。たとえば漢字の書き取りで間違えたら、次は正しく書けるように自分なりの方法で覚えようとするはずです。大谷選手だって、ミスを積み重ねて、そこから学んで成長してきたのです。

　何もしなければミスをしませんが、そのぶん学ぶ機会も失われます。たくさんミスをした人のほうが、より多くの学びの機会を得るのです。大切なのはミスをしたときに自分を責めるのではなく、次にどう活かすかを考え、同じミスを繰り返さないように行動することです。

## 大谷翔平選手だってたくさん失敗している

大谷翔平選手の
2024年シーズンの成績を見ると……

| 試合 | 159 | 打数 | 636 | 安打 | 197 |
|---|---|---|---|---|---|
| 打率 | .310 | ホームラン | 54 | 三振 | 162 |

➡ 大谷選手は636打数のうち439回も凡退して、そのうち162回も三振している。

> 大谷選手はすごい選手だけど、たくさん失敗してるのね。失敗をおそれすぎてはいけないような気がしてきた！

第2章 世の中はさまざまなリスクにあふれている

- ミスをすることを悪いことだと思っていない？
- ミスをしたからこそ学べたことを思い出してみて！
- 失敗をおそれて挑戦できなくなってない？

Conor P. Fitzgerald / Shutterstock.com

## ★★★ COLUMN ★★★

### 《 ピンチを切り抜けた、知っておきたい事故① 》

（26ページから続く）ニューヨークの街に墜落することになれば、乗員・乗客だけでなく、住民にも大きな被害が及びます。そこで、ハドソン川に着水したほうが被害が少ないと判断したのです。トラブル発生から約3分後、1549便はサレンバーガー機長の見事な操縦テクニックによって、まるで滑走路へ着陸するかのごとく、ハドソン川に時速約270kmで滑るように着水しました。そのおかげで機体の損傷は一部だけですみました。

　機長とキャビンアテンダント（CA）らは決められた手順に従って冷静に対処し、CAは乗客を両主翼上に避難させます。

　機長はすでに浸水が始まっていた機体後方まで行き、機内に残っている乗客がいないかを2度も確認。すべての乗員・乗客が脱出したのを確認してから最後に自分も脱出しました。

　最終的に、乗員・乗客の全員が助かった、この出来事は「ハドソン川の奇跡」と呼ばれ、のちに映画化されました。（50ページへ続く）

ハドソン川に着水したUS1549便。

# 第3章
# ピンチのときに役に立つ考え方「OODA（ウーダ）」

# 1

# 戦闘機のパイロットがつくった「OODA」

## ★ピンチと向き合うパイロットが考えた

　戦闘機のパイロットをしていたアメリカ人のジョン・ボイドは、パイロットの経験から得た洞察をもとにある理論を考えました。それが「OODA」という考え方です。

　戦闘機のパイロットは、戦闘中に「どうしようかな」とグズグズしていると、アッという間にピンチになり、命に関わる事態に陥ります。のんびりしていたら敵に撃ち落とされてしまうからです。戦闘機のパイロットは状況を瞬時に判断し、すぐに行動に移さなければなりません。それをだれにでもわかりやすくしたのが、「OODA」なのです。

　「自分は戦闘機のパイロットじゃない！」
　「私は戦闘機なんてまったく興味がないんだけど……」
　そんな声が聞こえてきそうですが、これから説明する「OODA」は、戦闘機のパイロットだけではなく、さまざまな人にも生かせる考え方、行動の決め方で、企業をはじめとするさまざまなところでも取り入れるところが増えています。OODAはまだ大人でも知らない人が多い考え方ですが、じつはこどもも知っているとさまざまな場面で活用できます。とくにピンチになったときに、あなたを助けてくれる考え方なので知っておいて損はありません。

## 「OODA」を生み出したのはパイロット

### ≫ ジョン・ボイド
**John Boyd〈1927-1997年〉**

アメリカ空軍で戦闘機パイロットとしてのキャリアを積み、1950年代から1960年代にかけて活動しました。彼はF-86セイバー戦闘機のパイロットとして朝鮮戦争にも参加し、その経験から空中戦の技術に関する深い洞察を得ました。

ボイドは、空中戦の技術に非常に優れており、模擬空中戦で敵機を撃墜するのに40秒以上かかったことがほとんどないことから「40秒ボイド」と呼ばれていました。戦闘機パイロットとしての経験をもとに、戦闘における意思決定プロセスを分析し、それを「OODA」として体系化したことで知られています。OODAは軍事戦略のみならず、ビジネスやスポーツなどさまざまな分野で応用されています。

じつは私も旅客機のパイロットでした。さまざまなピンチに直面しましたが、この考え方でたくさんのピンチを乗り切ったんですよ。

### ? 考えてみよう

● 敵と戦うときに判断に迷う時間はあるだろうか？
戦闘機のパイロットになったと思って考えてみて！

# ピンチのときに役立つ「OODA」という考え方

## ★「OODA」の4つの要素を知っておこう！

　突然「OODA」という謎の言葉が出てきて困惑したかもしれません。これは「Observe（みる）」「Orient（わかる）」「Decide（きめる）」「Act（うごく）」の英単語の頭文字を取ったものです。くわしくはこれから説明していきますが、ピンチや困難に陥ったときに冷静に対応するために役立つ考え方です。ここではそれぞれの意味を説明します。
　「Observe（みる）」は、ピンチに直面したとき、まず何が起こっているのか、どうして起こったのかを冷静に観察します。
　次に「Orient（わかる）」です。観察した情報をもとに、過去の経験や知識、そして自分の目標や価値観をもとにして自分が置かれた状況を正しく理解します。
　そして、「Decide（きめる）」です。「みる」と「わかる」をふまえて、どんな選択が最善か、その結果どんな影響があるのかを考え、どんな行動をするかを決めます。
　最後は「Act（うごく）」です。自分の判断を信じて、決定した行動を素早く、そして正確に実行します。
　このようにOODAは4つの要素で成り立っていることをまずは覚えておきましょう。

## 「OODA(ウーダ)」とは？

| 　 |  |  | 　 |
|---|---|---|---|
| Observe（オブザーブ）<br>みる<br>●観察<br>●情報収集 | Orient（オリエント）<br>わかる<br>●状況判断<br>●方向づけ | Decide（ディサイド）<br>きめる<br>●決断 | Act（アクト）<br>うごく<br>●行動<br>●実行 |
| 第3章 | 第4章 | 第5章 | 第6章 |

突然「OODA」と言われて困ったかもしれませんが、あなたの人生に役立つ考え方ですから勉強していきましょう！

本当に役立つんですか？「OODA」なんて謎の言葉をいきなり言われたので、今のところチンプンカンプンです……。

第3章　ピンチのときに役に立つ考え方「OODA(ウーダ)」

### ？ 考えてみよう
●おうちの人に「OODA(ウーダ)」について知っているか聞いてみて！

# 「OODA」はループする

## ★「みる」「わかる」「きめる」「うごく」を繰り返す

　OODAは、「Observe（みる）」「Orient（わかる）」「Decide（きめる）」「Act（うごく）」をたんに一度だけ実行するものではありません。繰り返し行う「ループ」として考えることが大切です。

　たとえば、友だちと遊んでいるときに急に雨が降り始めたとします。その瞬間に「どうしよう」と考えるだけでなく、まず雨が降っていることを「みて（Observe）」、その状況でどうするべきかを理解します（「わかる（Orient）」）。そして、「雨宿りするのか、それとも家に帰るのか」を「きめて（Decide）」、すぐに「うごく（Act）」のです。

　でもすぐに雨が止むかもしれません。そのときはまた「みる」から始めて、新しい状況に応じた「うごく（Act）」までの過程を繰り返します。このように周りの状況はいつも変わるので、そのたびに「Observe（みる）」「Orient（わかる）」「Decide（きめる）」「Act（うごく）」を繰り返していくことが重要です。

　このOODAを何度も繰り返すことで、変化する状況にもすぐに対応できるようになります。まだ「OODAって何なの？」と思う人も多いでしょうが、これからこの本で説明していくことを覚えておけば、どんなピンチや困難にも落ち着いて対応できるようになります。

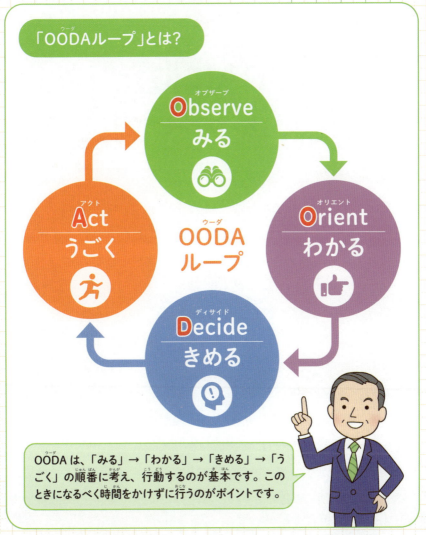

# 「OODAループ」とは？

OODAは、「みる」→「わかる」→「きめる」→「うごく」の順番に考え、行動するのが基本です。このときになるべく時間をかけずに行うのがポイントです。

第3章 ピンチのときに役に立つ考え方「OODA」

- 何かをするときに何も考えずに行動してしまって、あとで困ったことはない？
- ピンチのときに頭が真っ白になったことはない？

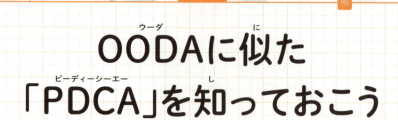

# OODAに似た「PDCA」を知っておこう

## ★「計画」「実行」「評価」「改善」を繰り返す

　OODAと似たものに、ビジネスマンなどによく使われる「PDCA」があります。これも「OODA」と同じく、4ステップで構成されています。

Plan（計画）……最初に何を、いつまでに、どうやって行うかという目標を設定し、達成するための具体的な計画を立てます。

Do（実行）……計画にもとづいて実際に行動します。計画に沿って作業を進め、計画どおりに進められているかどうかを確認します。

Check（評価）……計画したとおりの成果が得られたか、何がうまくいったのか、問題はなかったかを振り返ります。

Act（改善）……「Check（評価）」の結果をもとに、よりよくするための改善策を考え、最初の「Plan（計画）」に戻って、その改善点を反映した計画を「Do（実行）」していきます。

　PDCAの最初は「P（計画）」ですが、たとえば、おなかが急に痛くなったときに、「5分後にトイレに行こう」とは考えません。そもそも「トイレに行く」ことは計画することではありません。このように突然訪れるピンチにPDCAは不向きですが、何かを計画的に進めるときにはとても役に立つ考え方です。

## 「PDCA」サイクルとは？

- **Plan** 計画 — 計画をつくる
- **Do** 実行 — 計画を実行する
- **Check** 評価 — 実行したことを評価する
- **Action** 改善 — 改善して次の計画に反映する

**PDCAサイクル**

最初に計画が立てられることには適した考え方です。夏休みの宿題を計画的に終わらせたいときにはこの考え方で進めるといいですね。

第3章 ピンチのときに役に立つ考え方「OODA」

### ？考えてみよう

- おうちの人に「PDCA」を知っているか、仕事で「PDCA」を使っているかを聞いてみて！

# 5

# OODAとPDCAの違いをみてみよう！

## ★ OODAとPDCAは似ているようで違う

　OODAとPDCAは、どちらも4つの要素から成り立っているので似ていますが、目的や使い方に違いがあります。

　OODAは素早く決断する場面に適しています。一方、PDCAは継続的に改善していくような場面に向いています。

　たとえば、OODAはサッカーの試合のように相手の動きをみて素早く判断し行動しなくてはいけないときに役立ちます。みなさんがピンチに陥ってしまったときもたいていの場合、素早く判断する必要があるのでOODAを知っておくと役立ちます。

　一方、PDCAは「勉強のやり方をもっとよくしたい」「料理をもっと上手につくりたい」といったような計画を立てて実行し、結果を確認して改善できる場合や、現在の状態を継続的によりよくしたいことなどに適しています。「急におなかが痛くなった」「カレーを服にこぼした」といったピンチにはPDCAは向いていません。なぜならこうした急な出来事は、そもそも計画を立てるのは難しいからです。

　じつは会社などではPDCAを使って、やり方を少しずつよくすることが当たり前です。だから、大人はOODAよりもPDCAをよく知っている人が多いのです。

## OODAとPDCAの違い

### OODAループ

**こんなときに使う！**
「素早く変わる」場面で役立つ！

**注意点**
集めた情報を自分に都合よく解釈しない。

### PDCAサイクル

**こんなときに使う！**
「じっくりやる」場面で役立つ！

**注意点**
時間がかかる。急な変化に対応できない。

OODAは周りを見て、すぐに考えて動く必要があるピンチのときに使える考え方です。ピンチのときに計画なんてできませんよね。だからピンチのときにはPDCAは向かないんです。

第3章 ピンチのときに役に立つ考え方「OODA」

### ❓ 考えてみよう

● おうちの人が「PDCA」を知っていたら、今の勉強のやり方をどうやってよりよくできるか一緒に考えてみよう！

49

★★★ COLUMN ★★★

《 ピンチを切り抜けた、知っておきたい事故① 》

（38ページから続く）絶体絶命の大ピンチで、犠牲者を一人も出さなかったサレンバーガー機長は、一躍、国民的英雄になりました。一方で、当の本人は、「これは奇跡などではなく、常に緊急事態に備えて訓練していた結果だ。私は英雄などではない、当然のことをしたまでだ」と述べています。

　2つのエンジンが停止して墜落寸前の飛行機を見事にコントロールしたサレンバーガー機長の操縦テクニックに目が行きがちです。しかし、それよりもすごいのは、絶体絶命のピンチのなかでも「近くの空港には戻れない」と冷静に判断して、ハドソン川に着水するという決断をしたことでした。

　15時27分に鳥と衝突してハドソン川に着水したのは、そのわずか約3分後でした。この短い時間のなかで冷静に着水を決断して、それを実行したのです。

　事故直前、サレンバーガー機長は、航空機が安全に飛行できるように誘導する仕事をする航空管制官と通信を行っており、その録音が残されています。このときのサレンバーガー機長の声は、緊急事態に陥っていると思えないほど落ち着いたものでした。まさか墜落寸前だとは信じられないほどです。ピンチに冷静さを保つのは決して簡単なことではありません。もし機長がパニックになっていれば大惨事になっていたでしょう。ピンチのときほど冷静でいることは大切なのです。（おわり）

# 第4章

## 《Observe》オブザーブ

## しっかり「みる」

## 力を鍛えよう！

# 1

# リスクを避けるには周りを観察することが大事

## ★「みる」にはいろいろな種類がある！

　OODAの最初の「O」は「Observe」で、「みる」という意味です。「みる」は、このあとに続く「Orient」（わかる）、Decide（きめる）、Act（うごく）の出発点となる重要な要素です。

　では、「みる」とはどういうことなのでしょうか。たとえば、学校で「みる」をするなら、黒板を「みる」こともありますし、クラスの雰囲気、友だちの様子、先生の様子を「みる」こともあるでしょう。具合の悪い友だちのことを「みてあげる」こともあるかもしれません。昆虫を観察するような「みる」もありますし、ドローンで空から全体を「みる」もあります。それ以外にも、川の流れや時代の流れがどう変わったかを「みる」もありますし、自分の立場からだけでなく、立場を逆にして、相手の立場になって「みる」もあります。

　漢字でも「見る」のほかに「観る」「診る」「視る」「看る」があります。「Observe」には、そのすべての「みる」が含まれています。ただ「見る」だけではなく、五感を使って周囲の状況を把握することです。これができないとその後の判断や行動が誤った方向に進んでしまう可能性が高くなります。この章では、OODAの出発点として重要な意味をもつ「みる」について説明していきます。

## いろいろな漢字の「みる」の意味を考えてみよう！

**見る**
一般的な「みる」の意味で、目でものごとを確認したり、注意を向けたりすることをさします。→〈例〉風景を見る、テレビを見る

**観る**
とくに映画や演劇、美術などを鑑賞する意味で使います。「観察」や「観光」など、深く注意を払ってみる場合にも使われます。→〈例〉映画を観る、スポーツを観る

**診る**
医者が患者を診察する際に使われる漢字です。診断や診察という言葉と関連しています。→〈例〉医師が患者を診る、獣医がペットを診る

**視る**
ものごとを注視する、意識してみることを指します。視覚や視点という言葉で使われるように、見方や見える範囲に焦点を当てた意味があります。→〈例〉状況を視る、遠くを視る

**看る**
病人や幼児など、手助けや世話が必要な人を見守る意味で使われます。「看病」や「看護」など、守り見つめる行為に関連しています。→〈例〉看護師が病人を看る

OODAの「みる」は、いろいろな「みる」という意味が含まれているんです。一度、漢字の勉強もかねて「みる」について考えてみましょう！

### ？ 考えてみよう

- 「みる」という言葉にはいろいろな意味があると考えたことはある？
- 「みる」の漢字の使い分けを考えてみて！

# 4つの〝眼〟でものごとを観察するクセをつけよう！

## ★いろいろな見方ができるようになろう

　OODAループの「みる（Observe）」では、観察力を向上させる必要があります。それには好奇心をもって、さまざまなことに興味をもつことが大切です。

　さまざまな「みる」をするために大切になるのが、以下の4つの〝眼〟です。

①虫の眼……虫のように細かいことまで正確に読み取る〝眼〟
②鳥の眼……鳥のように空から地上を鳥瞰する〝眼〟
③魚の眼……魚のように川の流れや潮の流れを読み取る〝眼〟
④コウモリの眼……コウモリのように逆さまになって周囲を見る〝眼〟

　一点集中して細かいものを見るミクロな眼である〝虫の眼〟だけでは全体がみえません。そこで〝鳥の眼〟で全体を俯瞰してみます。今は世の中の流れが速いため、〝魚の眼〟で潮の流れを読むことも大事です。それに加えて、〝コウモリの眼〟で逆さまにひっくり返してものごとをみることが大事です。

　こうしたさまざまな眼で、さまざまな方向からみるようにすることで、これまでみえなかったことがみえるようになり、状況を判断するときに、よりよい判断ができることにつながるのです。

## ものごとをみるときに大切な「4つの眼」

**① 虫の眼**
一点集中して、だれも気づかないような小さな事情やかすかな変化を読み取る眼。
→ 56ページ

**② 鳥の眼**
まるで空を飛んでいる鳥のように、広い視野で全体を見渡す眼。
→ 58ページ

**③ 魚の眼**
魚が水の中で流れを感じ取り、変化に対応するように、ものごとの流れや全体の動きに気づく眼。
→ 60ページ

**④ コウモリの眼**
ものごとや立場を逆さまにして新しい発見や今まで気づかなかったことに気づく眼。
→ 62ページ

( ものごとを観察するときは、4つの"眼"を使うことが大事！ )

第4章 《Observe》しっかり「みる」力を鍛えよう！

### ？ 考えてみよう

- モノの見方には、いろいろあるって知ってた？
- "虫の眼""鳥の眼""魚の眼""コウモリの眼"を使うことはある？ちょっと思い出してみて！

# 3

# 〝虫の眼〟で細かいことまで正確に読み取る!

## ★小さな変化を見抜く力を身につけよう!

　観察をするためにまず必要なのが、細かいことまで正確に読み取る〝虫の眼〟です。具体的には、一点に集中して、だれも気づかないような小さな事情やかすかな変化を読み取るのです。

　たとえばテストの見直しをするとき、〝虫の眼〟で丁寧にチェックして細かいミスを見つけることができれば、点数アップにつながります。文章を読んでいるときに、作者がわざと使った特別な言葉や表現に気づくことができれば、「それが何か意味を持っているのではないか」と考えることができます。

　公園で遊んでいるときに〝虫の眼〟でよく観察すると、遊具の小さなひび割れや危険な部分に気づくことができるかもしれません。そうすれば、事故を未然に防ぐことにつなげることができます。

　〝虫の眼〟で友だちを観察して表情や声のトーンのわずかな変化から「様子がいつもと少し違うぞ」と感じられれば、相手が困っていることや悩みにいち早く救いの手を差し伸べることができます。

　日常の細かい部分に目を向ける〝虫の眼〟を鍛えることは、ものごとを深く理解したり、他者とよりよい関係を築くことに役立ち、よりよい行動がとれるようになることにつながっているのです。

## 〝虫の眼〟は「細かいところ」をみる!

→ 虫の眼

細かいところを見る

### どんなときに〝虫の眼〟を使ってる?

● **パズルを組み立てるとき**
→パズルのピースの色や形の少しの違いに注目して、それがどこの部分に合うかを探すはず。このときに使っているのが〝虫の眼〟!

● **植物の成長を観察するとき**
→ぼんやりと植物全体を見るのではなく、葉の形や色の変化、茎の太さなど、細部に注目して「みる」ことをしないと、植物の成長を細かく判断できない!

言われてみると、自分も〝虫の眼〟を使ってます!

みなさんも使っているんです。それをさまざまなものごとをみるときに意識するようにしましょう!

第4章 《Observe》しっかり「みる」力を鍛えよう!

### ? 考えてみよう

- あなたは、どんな場面で〝虫の眼〟を使ってる?
- 友だちの髪型が変わったらすぐに気づく?
- 相手の表情の変化を気にして話すことはある?

# 4

# "鳥の眼"で全体を見渡してみる

## ★ 全体像をつかまないとみえないことがある

　観察をするうえでもうひとつ大切なのが、"鳥の眼"です。まるで空を飛んでいる鳥のように、広い視野で全体を見渡すことです。難しい言葉で「俯瞰する」といいます。こうすることで"虫の眼"だけではみえないことがみえてきます。細かい部分にこだわりすぎず、大きな視点でものごとを考えることは何かを判断するときに役立ちます。

　たとえば掃除をするときに、"虫の眼"だけだと、あるところはきれいだけど、あるところは汚いままになりかねません。"鳥の眼"で家全体を見渡して「どこが最も掃除が必要なのか」を判断することで、いつも家全体をきれいに保てるはずです。

　勉強をするときも、"鳥の眼"でテストまでのスケジュールを見渡して計画を立てるべきです。テストまでの残り時間がわからないまま勉強すると、「算数の勉強時間が足りなかった！」「社会の勉強をし忘れてた！」とあわてることになります。"鳥の眼"を使って時間配分を考えることができれば、計画的に勉強を進めることができます。

　"鳥の眼"を使わないと、全体を見渡すことはできません。全体を「みる」習慣を身につけることは、計画的に物事を進めることができるなど、日常生活のあらゆる場面で役立ちます。

## 〝鳥の眼〟は「全体」をみる！

### → 鳥の眼

全体をみる

### どんなときに〝鳥の眼〟を使ってる？

● 公園でかくれんぼをするとき
→「鬼」になったら、隠れている友だちを見つけるために高い場所に登って公園全体を見渡すといいかも。これが〝鳥の眼〟で見ること！

● 図書館で本を探す
→図書館で読みたい本を探すとき、まず配置図でどこにどんなジャンルの本があるかを把握する。これも〝鳥の眼〟。そうすれば、すぐに目的の本が見つけられる！

> 実際に全体をみるだけでなく、全体がわかるものを「みる」ことも〝鳥の眼〟になるのね！

> いいところに気づきましたね。全体を把握することはとても大事なことなんですよ。

### ? 考えてみよう

● 「木を見て森を見ず」という言葉を知ってる？
● ついつい集中しすぎてしまって、周りに目が届かなくなってしまうことはない？

# 5

# "魚の眼"で流れや変化にいち早く気づく!

## ★目にはみえない流れをつかむことも大事!

　ものごとを観察するうえで"魚の眼"も大切です。
　"魚の眼"とは魚が水の中で流れを感じ取り、変化に対応するようにものごとの流れや全体の動きに気づく力のことです。「空気を読む」力といってもいいかもしれません。これができると、周囲の状況や変化にすぐに気づいて、正しい判断ができるようになります。
　スポーツをしている人なら「ゲームの流れ」を感じることがあるかもしれません。その流れの変化を読み取るのが"魚の眼"です。たとえばサッカーの試合中、相手チームがサイド攻撃から中央突破に切り替えたことに気づければ、守備のポジションを調整したり、チームの仲間に教えたりして、相手の攻撃を効果的に防ぐことができます。
　家族で会話をしたり、イベントの計画を立てるときにも"魚の眼"は役立ちます。みんなの意見や気分の流れ、空気を読むことで、よりスムーズに話を進めたり、全員が楽しめるような提案ができます。
　このように、"魚の眼"で見るものは必ずしもモノとして目で見えるものばかりではありません。「空気を読む」ように、目に見えない流れや変化を「みる」ことも含まれるのです。日常生活でも、こうした目に見えないことにも気を配ることが大切です。

## "魚の眼"は「流れ」をみる!

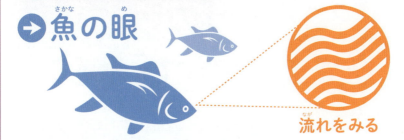

→ 魚の眼　　流れをみる

### どんなときに"魚の眼"を使ってる?

●川の流れを読む
→川で安全に遊ぶなら、川の流れを見極め、どこが安全でどこが危ないかを判断する必要がある。これが「流れをみる」こと!

●クラスの雰囲気を感じ取る
→クラスのみんながどういう気持ちでいるか、今どんな話題が広がっているかを感じ取ることも大事。その変化を感じ取れれば、とるべき行動がみえてくる!

流れを読むか……。周囲の様子をよくみることが大事ってことですね。

これは大人でも難しいんです。まずは、「"魚の眼"で流れをみよう」という意識をもちましょう。

### ？考えてみよう

● 友だちとオンラインゲームをするとき、「このあとはどうなるかな」と、流れを読んだりしてない?
● あなたは空気を読めるタイプ? 読めないタイプ?

第4章 《Observe》しっかり「みる」力を鍛えよう!

# 6

# 〝コウモリの眼〟で逆さまになって「みる」

## ★いつもと違う視点から「みる」ことは大事！

　観察をするうえで、ときには「逆さまにみる」ことは大切です。これが〝コウモリの眼〟です。コウモリは、天井に逆さまにぶら下がりながら世界をみています。この視点をもつことで、普通にみているだけでは気づかないことがみえてくるのです。

　たとえば、いつも見ている世界地図を逆さまにして見てみましょう。見慣れた地図とはずいぶんと違った印象になったのではないでしょうか。〝コウモリの眼〟で観察すると、これまでは気づかなかった部分が見えてくることがあるのです。

　ふだんから〝コウモリの眼〟を使ってみましょう。たとえば友だちとの意見が食い違うとき、自分の立場だけでなく、相手の立場からものごとを考えてみるのです。そうすることで相手の気持ちや考えを理解できて、新しい視点が得られるかもしれません。

　いつも算数→国語の順で勉強しているのなら、国語→算数の順にしてみたら、何かに気づく可能性があります。

　〝コウモリの眼〟を使うことで新しい発見につながります。日常生活でも〝コウモリの眼〟で逆さまにものごとをみることを心がけてみましょう。

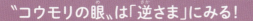

"コウモリの眼"は「逆さま」にみる！

## → コウモリの眼

逆さまにみる

地図を逆さまにみてみよう！

同じ世界地図なのに印象が変わって日本を探すのに戸惑っちゃったわ。たしかに、逆さまにみることで新たな発見ができそうです！

"コウモリの眼"で世界地図を逆さまにすると、違った印象になるはずです。モノを逆さまにするだけでなく、自分と相手の立場を逆さまにして考えることも大切です。

第4章 《Observe》しっかり「みる」力を鍛えよう！

? 考えてみよう
- 上の逆さまの地図で何か気づいたことはない？
- 「相手の立場になって考える」をしたことはある？
- これまで逆さまに考えようと思ったことはあった？

# 7

# 4つの「眼」に加えて大切なもうひとつの〝心の眼〟

## ★真実を見抜く力に必要な5番目の〝眼〟

　これまで説明してきた4つの〝眼〟に加えて、もうひとつ大切なものがあります。それは目に見えるものだけでなく、目には見えない真実、本質を見抜く〝心の眼〟です。

　たとえば友だちが「大丈夫」と言っていても、心のなかには「助けてほしい」という気持ちが隠されているかもしれません。表面的な言葉や行動だけではなく、その奥にある本当の気持ちを感じ取る必要がある場合も多いのです。「本当はどう感じているのだろう」と相手の立場に立って考えることで、〝心の眼〟は育っていくはずです。

　また、SNSに書かれている内容が事実なのかウソなのかを判断する必要性も増しています。新聞やテレビ、有名人が話していることだって100％正しいとはかぎりません。すぐにうのみにせず、「この情報を出した目的は？ どんな意図がある？」と、その背景を裏読みしたり、「本当だろうか」と疑いをもちながら、経験や知識などを総動員して情報に接することは、本質や真実を見抜くために大事なことです。

　〝心の眼〟を鍛えれば、表面的な情報に惑わされなくなり、よりよい決断をするための大きな助けになります。自分の力で考え、感じ、行動することが、これからの世界を生き抜くためにとても重要なのです。

## 4つの眼とともに大切な"心の眼"とは?

→ 心の眼

目に見えない真実、本質を見抜く

### どんなときに"心の眼"を使ってる?

● 友だちの様子をみるとき

→ 友だちの笑顔が少ないと感じたとき、"心の眼"を使って「もしかして、何か悩みがあるのかな?」と考える。目に見える表情や行動だけでなく、その裏にある本当の気持ちを見抜こうとすることは"心の眼"を使うこと!

● SNSやネットの情報を読むとき

→ たとえば、SNSに「このアプリを使えば成績アップ!」と書かれていたら、「これは本当かな?」と疑って、情報の真偽を見極めるのも"心の眼"を使う場面。情報が正しいかを見抜くことは大事!

これって難しくないですか?

そうですね。大人だって簡単ではありませんから"心の眼"を鍛えていきましょう。

### ? 考えてみよう

- SNSやネットの情報をそのまま信じていない?
- 友だちのうわさ話をそのまま信じていない?
- 「おかしいな?」と思ったら自分で調べてる?

# 「三現主義」で観察力をアップさせる

## ★ネットやスマホだけに頼らない！

　何かをよく理解しようとするとき、情報を集めることが大切です。ネットやSNSを使えばたくさんの情報を簡単に手に入れることができます。でも、これだけで全部がわかるわけではありません。だからこそ実際に「現場」に行って、「現物」を見て、「現実」を自分の目で確かめる「三現主義」が大事です。

　たとえば家庭科の授業で料理をつくるときも、レシピを見るだけではなく、実際に材料を触ったり、味をみたりすることで、どのくらいの量を使うべきか、どんな味に仕上がるかがわかります。これをしないで進めると、思ったとおりにできないことがあります。

　また、友だちと遊ぶ計画を立てるときにも、遊びに行くところをネットで調べるだけでなく、実際にその場所に行って、安全に遊べるか、自分たちが楽しめるかを確認したほうが、より最適な場所を選ぶことができます。

　このように、「三現主義」は何かを理解したり、計画を立てたりするときにとても役立ちます。スマホやパソコンだけに頼るのではなく、自分の目で見て、手で触れて、確かめるのです。それをしない人とする人では、どちらのほうが正しい判断をできると思いますか。

## 「三現主義」ってなんだ？

楽をしようとすると、わからないことがあるかも……。

ネットや本だけではわからないことはあると思う！

**三現主義**

- 現場に行って「みる」
- 現物を自分の目で「みる」
- 現実に起こっていることを「みる」

ネットで調べてわかった気になっても、わからないことはたくさんあります。だから自分の目で確認するクセをつけることが大切ですよ！

第4章 《Observe》しっかり「みる」力を鍛えよう！

- ネットで調べたことを実際に目にすると、「思ったのと違った」という経験はないだろうか？
- ネットがあればすべてを調べられると思う？

### ★★★ COLUMN ★★★

《 ピンチを切り抜けた、知っておきたい事故② 》

## JAL機と海上保安庁機による羽田空港地上衝突事故

2024年1月2日午後5時47分、日本航空JAL516便（新千歳空港発羽田空港行き）が羽田空港の滑走路上で、その前日に発生した能登半島地震の被災地に支援物資を輸送するために離陸待機中だった海上保安庁の航空機JA722Aと衝突する事故が発生しました。

航空管制官の指示に従って、JAL機が羽田空港のC滑走路に着陸し、減速しながら止まろうとしていたところ滑走路上にいるはずのない海保機が滑走路に侵入していました。そのため、滑走路上で両機は衝突して海保機はその場で爆発炎上。JAL機は衝突直後に機体左側のエンジンから出火し、煙と炎を上げながら衝突地点から約1700m先で滑走路からはみ出て止まりました。

JAL機は火災が発生。激しく炎上したことで、結局、写真のような状態になってしまいました。（86ページへ続く）

滑走路の横で爆発炎上したJAL機の残がい。

Makochan12.9 is licensed under CC BY 4.0

# 第5章

# Orient
オリエント

## 状況を「わかる」
## ことが大事!

# 1

# 状況が「わかる」には情報が大事！

## ★ 正しい状況判断のために必要な情報力

　OODAの2番目の「O」にあたる「Orient（わかる）」は、「Observe（みる）」で観察したことにもとづいて状況判断するステップです。赤信号を見逃し（「みる」ができていない）、周囲の状況を確認せずに（「わかる」ができていない）横断歩道を渡れば事故になるように、状況判断を間違えればトラブルや事故が起こるのは当然です。

　たとえば太平洋戦争のミッドウェー海戦では、アメリカ軍に暗号を解読され、情報が筒抜けになったため日本軍は負けました。正しい状況判断ができたことがアメリカ軍の勝因でした。

　このように状況を「わかる」ためには情報力が大事です。その情報力には、「情報を集める力（情報収集力）」「集めた情報を整理する力（情報処理力）」「集めた情報をつなぎ合わせて生かす力（情報編集力）」の3つがあります。状況を把握するために、ただ情報を集めるだけでなく、整理して活用することを意識しましょう。

　ただしネットに頼りすぎるのは危険です。ネットで見たお店に行ったら「想像と違っていた」という経験はないでしょうか。ネットには誤った情報も少なくないので、自分の目で見たり、現場で感じたりした一次情報（72ページ）を集めることを怠らないようにしましょう。

## 3つの情報力とは?

### 情報収集力
いろいろな情報を集める力のこと。たとえば学校の遠足に行くときに、どんな場所に行くのか、天気はどうだろうか、おやつをどれだけ持っていけるかなど、多くの情報を集められれば、遠足をもっと楽しむことができる!

### 情報処理力
集めた情報を整理してわかりやすくする力。たとえば外出用の持ち物リストをつくって、雨が降りそうなら傘が必要、晴れるなら帽子が必要といったようにチェックできれば、そのつど必要なものが判断しやすくなる!

**情報力**

### 情報編集力
集めた情報をつなぎ合わせて役に立つように使う力。たとえば外出の計画を立てるときに、天気や持ち物などの情報をつなぎ合わせて、いつ出発するか、どの道を通るかなど、最もいい方法を見つけることができる!

これら3つの情報力があれば、どんな状況でもしっかり準備して対応できるようになるはずです!

第5章 《Orient》状況を「わかる」ことが大事!

### ? 考えてみよう
- 「みる」と「わかる」の違いってなんだと思う?
- 情報を集めるだけじゃなく、それを整理してつなげると、どう役立つと思う?

# 情報源がどこなのかを調べるクセをつけよう

## ★目にした情報をすぐに信じるのは危険!

　私たちは日々、情報にもとづいて判断や行動をしていますが、過去にウソやデマ、誤った情報を信じて失敗したことはないでしょうか。
　ネットやSNSで簡単に情報を手に入れられる時代ですが、正しい情報ばかりではありません。誤った情報やフェイクニュースが簡単に広がってしまう時代だからこそ、情報源の確認はとても重要です。
　その情報が右ページのように、「一次情報」「二次情報」「三次情報」のどれなのか、情報源を調べるクセをつけましょう。また、情報が信頼性の高いメディアや専門家から発信されているのか、個人の意見やうわさなのかを確認したり、複数の情報源を調べて比較して、それらが一致しているかどうかをチェックすることも必要です。
　目にした情報をそのまま信用せず、慎重に情報源を吟味することで誤った判断を減らし、結果としてピンチを未然に防ぐことができます。
　正しい情報を見極めるスキルは、今後さらに重要になるでしょう。このスキルを今から磨いておけば、将来、誤った情報に惑わされることなく、正しい判断、決断ができるようになるはずです。それはピンチを未然に防ぐだけでなく、あなた自身を守る強力な武器となるでしょう。

## 一次情報、二次情報、三次情報とは？

- **一次情報** — 例）公的機関、公式サイト、オリジナルの情報
- **二次情報** — 例）一次情報をもとにした新聞、テレビ、雑誌の情報
- **三次情報** — 例）情報源が不明なブログやツイッターの情報

信ぴょう性：大 → 小

たしかにSNSはウソやデマも多いよね。

> 統計データを調べるときは一次情報を探すのが鉄則。新聞やテレビ、雑誌も一次情報を間違って伝えることがあります。とくにインターネット上の情報はデタラメやデマも多いので要注意。情報源がどこかを確認するクセをつけよう。

第5章 《Orient》状況を「わかる」ことが大事！

### ？考えてみよう

- さまざまな情報を見るときに、どこのだれが発した情報なのかを気にしてる？
- たまたま見たSNSの情報をすぐに信じていない？

# 3

# 悲観的に準備することが大事!

## ★すごい人こそ、じつは悲観的に準備する

　ピンチを未然に防ぐためには、「悲観的に準備」することが大切です。つまり、「こんなピンチが起こりそう」「こんなミスをするかもしれない」という前提で準備するのです。たとえば、テスト前に「あの苦手な問題が出たらどうしよう」と思ったら、その苦手な問題を理解するまで復習したり、だれかに教えてもらったりするはずです。

　一方で「どうにかなるさ」と楽観的な姿勢でいれば、万全な準備などできるはずがありません。準備ができていなければ、想定外のことが起こると、「ああ、もうダメだ」となってしまいます。あきらめたら終わりなのに、すぐにあきらめざるを得なくなってしまうのです。

　また万全な準備ができていれば、ピンチになっても「あれだけ準備したのだから大丈夫」と思えるはずです。つまり、ピンチになったときでも「大丈夫」と思えるほどの十分な準備をしておくのです。

　プロボクサーの井上尚弥選手は無敗の世界チャンピオンです（2024年10月現在）。それなのに試合前は、対戦相手を「最強の相手」と過大評価して、「自分のパンチや技術が通用しなかったら……」という前提で準備しているといいます。あれだけ強い世界チャンピオンが自信満々ではなく、悲観的な気持ちで準備しているのです。

## 井上尚弥選手だって悲観的に準備している！

井上尚弥選手は4階級制覇をした世界的に高く評価されるプロボクサーです。その強さから「モンスター」の異名をもち、日本ボクシングの最高傑作といわれています。

世界チャンピオンの井上尚弥選手は、「相手は自分よりも強いに違いない」と悲観的な準備をして勝ち続けてきた！

### ？ 考えてみよう

- テスト前に「きっといい点数が取れる！」と楽観的になりすぎていない？
- 「大丈夫」と思えるまで準備をしたことがある？

写真：朝日新聞社/ゲッティ

# 都合の悪い情報にも目を背けない!

## ★ 悪い点数や厳しい指摘にどう向き合う?

　テストの悪い点数、先生や友だちからの指摘など、耳をふさぎたくなる事実や自分にとって都合の悪い情報からは目を背けたくなるものです。でもそんなときこそ、逃げずに向き合うことが大切です。目を背けて現実から逃げた結果、問題がさらに大きくなったり、解決のチャンスを逃してしまうかもしれません。反対に、勇気を出して向き合うことで自分を成長させるチャンスに変えることができます。

　たとえばテストで悪い点数を取ったとき、胸が締めつけられるような気持ちになるかもしれませんが、その現実を直視することで自分の弱点や勉強方法を見直すことができます。友だちからの厳しい言葉も、自分を改善するための貴重なアドバイスと捉えることができます。都合の悪いことを受け入れることは、自分に何が必要か、次に何をすべきかを考えるきっかけになるのです。

　「目を背けたい」と思ったときこそ目を背けないほうがいいことがほとんどです。つらいかもしれませんが、成長するチャンスと考えて都合の悪い情報を受け入れる努力をしましょう。それは将来のピンチを避けることにも大きく役立つはずです。もし改善しないまま放置すれば、のちのち大きなピンチを招く原因になるかもしれません。

## 都合の悪いことから目を背けるとどうなるか？

**最悪の結果に！**

〈問題の大きさ〉 → 〈時間の経過〉

- **将来的な選択肢が狭まる**
  - 人生の選択肢にまで悪影響が及ぶ可能性も
- **成績が急下降。進級や卒業が危うくなる**
  - 大きな対策が必要だが、すでに手遅れなことも
- **勉強がイヤになって逃げ続ける**
  - 勉強の気力を失い、悪循環が加速
- **授業の理解が追いつかなくなる**
  - 授業がわからなくなり、学習意欲が低下する
- **次のテストで同じ間違いを繰り返す**
  - 成績が下がり続け、さらに対策が遅れる
- **点数が悪い現実を無視**
  - 目を背けることで、問題が積み重なっていく
- **テストで悪い点数を取る**
  - 自分にとって都合が悪いことが起こる

この段階まで来ると、本当に取り返しがつかなそうだ……。

第5章 《Orient》状況を「わかる」ことが大事！

### ？ 考えてみよう

- 不都合なことに目を背けたことで、そのあとにもっと状況を悪化させてしまった経験はない？
- 厳しい指摘を素直に聞き入れることができる？

# 5

# なかなか難しいけど、先入観を排除する

## ★ だれにだって誤った先入観はある

　私たちは毎日さまざまなことを見たり聞いたりして、知らないうちにいろいろな考えをもつようになります。そのなかには正しいものもあれば、間違っているものもあります。それが「先入観」です。

　たとえば知らない人を見たとき、その人がどんな人なのかをよく知らないまま、「この人はきっとこういう人だろう」とか、「こういうことをするに違いない」と決めつけてしまうことはないでしょうか。しかし、本当にその人がどういう人なのかは、ちゃんと話したり、つき合ったりしてみないとわからないものです。

　こうした先入観をもってしまうのは、だれにでも起こりうることです。それを乗り越えるためには、まず「自分にも誤った先入観があるかもしれない」ことに気づくことが大切です。右ページの問いに答えると、きっと自分の先入観に気づけるはずです。そして、「思い込みで判断していないだろうか？」と自分自身に問いかける習慣をもちましょう。それが先入観を排除して正しい判断をする第一歩になります。

　また、日ごろから異なる考え方や背景をもっている人の意見を聞いたりして視野を広げ、自分が見落としていることや誤解していることに気づく機会を増やすことも大切です。

## この文章を読んでどんな人を想像する?

 下の文章を読んで、どんな人かを想像してみてください。

❶ 強盗現場に中年の警察官が駆けつけた。
その警察官はどんな人?

❷ 大企業の社長が堂々とスピーチをしている。
その社長はどんな人?

❸ タクシーの運転手が荒い運転をしている。
その運転手はどんな人?

❹ シェフが炎を上げて料理をしている。
そのシェフはどんな人?

❺ 看護師がやさしく手当てしてくれた。
その看護師はどんな人?

これだけの情報で❶～❺は男性か女性かわからないはずです。先入観で決めつけていませんでしたか。

簡単じゃん。❶～❹はおじさん。❺はお姉さんだね!

私もなんとなくそんな気がします……。

第5章 《Orient》状況を「わかる」ことが大事!

### ? 考えてみよう

- 知らない人に先入観をもってしまうことはない?
- 先入観をもたないようにするためには、どんな工夫ができると思う?

# 6

# 「何が最も大切か」を考えるクセをつけよう

## ★大切なものの優先順位を間違っていない?

　私たちは日常のなかで多くの選択や決断を迫られています。しかし、迷ううちに時間がなくなり、焦って間違った判断をしてしまうこともあるでしょう。そんなときは「何が最も大切か」を考えれば、その迷いはぐっと減り、あなたの決断はもっと確かなものになるはずです。

　たとえば、友だちと遊ぶ約束をしていた日に突然宿題がたくさん出され、どちらを優先すべきか迷ったとき、「今、何が最も大切か?」を考えてみましょう。約束を守ることも大切ですが、宿題をしっかり終わらせることは、明日の授業にとって重要なことです。こう考えると、まず宿題を終わらせてから遊べば安心して楽しめます。

　また、部活動中に突然体調が悪くなったとき、練習を続けるか休むか迷うかもしれません。このときも「何が最も大切か」を考えることが役立ちます。調子が悪いまま練習を続ければ大ケガをするかもしれませんが、休んで早く回復すれば次の練習に全力で取り組めます。長い目で見れば、体を大切にすることが最善の選択でしょう。

　「何が最も大切か」をわかっておくことは大切です。それは次章で説明する「Decide（きめる）」で間違った判断を避けたり、さまざまな場面で自信をもって決断するときに役立つはずです。

## あなたが大切にしている優先順位はどっち?

**Q** 次の問題を読んで、優先順位とその理由を考えてみましょう。

**問題❶** 明日、学校での大きなイベントがあり、友だちと協力して出し物を準備しなくてはなりません。しかし、今日は先生から出された宿題があり、まだ終わっていません。さらに、家族も今日は特別な夕食を一緒に楽しもうと計画しています。あなたは何を優先しますか。

　学校のイベント準備　　宿題　　家族との時間

**問題❷** 今日の午後、好きな趣味に取り組もうと考えていましたが、突然自転車が壊れてしまいました。自転車がないと明日学校に行けないため修理が必要です。趣味に時間を使いたい気持ちもあります。どちらを先にすべきと判断しますか。

　自転車の修理　　趣味に取り組む時間

**問題❸** 最近、疲れていて休む時間が必要な気がします。しかし、友だちがどうしても今日手伝ってほしいことがあると言ってきました。自分の体調と友だちの頼みのどちらを優先すべきと判断しますか。

　自分の健康　　友だちの頼み

> この問題を考え始めたら、いろいろ迷ってきた……。優先順位を考えるのってけっこう難しいかも!

第5章 《Orient》状況を「わかる」ことが大事!

## ❓考えてみよう

- よく考えたら、大切なものの優先順位を「間違っていたかも」と思ったことはない?
- 「何が最も大切か」を考えると迷いが減ると思う?

# ピンチになったら100％はめざさないほうがいい！

## ★ときには100％をめざさない勇気も必要

「うまくやろう」と100％をめざしてがんばるのは大切なことです。しかし、それをやらないほうがいい場合もあります。

朝、「あと5分で家を出ないと学校に遅刻する！」というときに、いつものように身だしなみや忘れ物チェックなどをすべて完ぺきにやれば遅刻します。最優先すべきは「遅刻しないこと」ですから、必要なものだけをカバンに入れて、さっと家を出ることが大切です。ピンチのときは100％をめざさないほうがいいケースがあるのです。

テストの前日になって「全部の教科を完ぺきに復習しないと！」と夜遅くまで勉強し続ければ、寝不足になって次の日のテストで集中できなくなるかもしれません。そんなときは、たとえば苦手なところだけに集中して、70％や80％でいいからしっかり復習することです。いちばん大切なテストの本番で100％の力を発揮できなくなってしまったら本末転倒です。「何が大切か」を考えて行動しないと、いくらがんばってもピンチの傷口が広がる皮肉な結果を招くことがあるということです。

100％をめざすのはいいことです。しかし、緊急時やピンチの場面では「最も大切なこと」だけに集中したほうがいい場合もあります。

## あなたならどうする？問題に答えてみよう！

### Q1 ピンチ！授業中に突然テストが始まった！

突然先生がテストをすると言い出しました。
準備していなかったあなたは焦っています。どう対応しますか？

❶ 前から順番にすべての問題を解こうとする

❷ 簡単そうな問題を先に解いてから、残りの時間で難しい問題に挑む

❸ 焦りがなくなるように、落ち着くまで目を閉じておく

### Q2 ピンチ！テスト前夜なのに勉強が間に合わない！

テスト前の夜になりましたが、まだ全教科の勉強が終わっていません。
すべてを完ぺきにしようすれば寝られません。どうすべきでしょう？

❶ 朝まで全教科を勉強し続けて完ぺきをめざす

❷ 苦手な教科に集中して勉強してから寝る

❸ あきらめてさっさと寝る

みなさんは上の2問で何番を選びましたか。どちらも❷が正解です。ピンチのときは100%をめざすのではなく、重要なところに集中したほうがいいですよね。

第5章 《Orient》状況を「わかる」ことが大事！

### ？ 考えてみよう

- 「ピンチのときに100%をめざさないほうがいい」とはどういうことだと思う？
- 100%をめざして失敗してしまったことはない？

# 無駄になってしまいそうな準備をすることも大切

## ★コスパやタイパにとらわれないことも大事！

　防災頭巾や防災バッグを用意していても、大きな地震や災害が起こらなければ、使わないまま過ごすことになります。そうなると、「なんだ、用意して無駄だった」と思うかもしれません。防災頭巾や防災バッグを用意するのは、いつか起こるかもしれないピンチにしっかり備えるためです。使わなかったからといって、それが「無駄だった」といえるのでしょうか。

　最近では、コスパ（コストパフォーマンス）やタイパ（タイムパフォーマンス）を重視する風潮があります。つまり、お金や時間を無駄にしたくないという考え方です。もちろん、無駄をなくすことは悪いことではありません。だからといって、「すぐに役立たないから、準備をしなくていい」という考え方は危険です。コスパやタイパを重視しすぎた結果、本当に必要なときに準備が足りなくて困ることになりかねないからです。

　リスクに備えるためには、防災頭巾のように無駄になるかもしれないような準備をしておくことがとても重要です。時間やお金だけで価値を判断せず、長い目で準備しておくことで将来の大きなリスクに備えられることもあるということです。

## こうした準備は無駄? 無駄じゃない?

### 車のエアバッグ

事故がなければ作動することはありませんが、万が一の事故時には命を守るために欠かせない安全装置です。

### 非常用持ち出し袋や水・食料の備蓄

災害がなければ使うことはないかもしれませんが、災害時には命を守る貴重な資源になります。

### 健康診断や定期検査

病気が見つからなければ無駄に感じるかもしれませんが、病気の早期発見や予防に非常に役立ちます。

### スペアキーの準備

カギをなくさなければ必要ありませんが、紛失時に役立ちます。

### 避難経路や防災計画の理解

役に立つ機会がないことを願う準備ですが、非常時には迅速に安全な行動をとるために必要な知識です。

こうした「無駄になるかもしれない」準備を無駄だと思いますか。いざというときには自分や家族を守るための準備として大切ですよね。

第5章 《Orient》状況を「わかる」ことが大事!

### ? 考えてみよう

- 「すぐに役立たないかもしれない準備」は必要?
- コスパやタイパを重視することに、どんな良い点と悪い点があるかを考えてみて!

### ★★★ COLUMN ★★★

《 ピンチを切り抜けた、知っておきたい事故② 》

（68ページから続く）　JAL機は、着陸直後に衝撃音が響き、機内の照明が暗くなりました。機体の異常を即座に察知した操縦室では、衝撃を受けて機内のシステムの多くが不作動となりました。CAが左エンジン付近からの出火を発見し、操縦室に報告すると、操縦席にいる機長は脱出を指示します。

　何が起こったのかがわからないものの、異常事態であることを理解した乗客のほとんどは落ち着いていましたが、座っている座席によっては窓から炎が見えています。そのうち、機内には焦げ臭いにおいがして、煙が一気に充満し、視界が遮られてきました。

　「大丈夫です、落ち着いてください」「その場から動かず、鼻と口を覆ってください」とのアナウンスが繰り返され、CAも「落ち着いてください」と乗客に対して直接声がけをしますが、そのうち機内のアナウンスシステムは故障して使用不能になると、CAはメガホンを使って乗客に落ち着くように呼びかけました。

　機内は一気に緊迫感が増していきます。一部の乗客からは「早く出してください！」「非常口を開けて！」という声が上がり、悲鳴や小さいこどもの泣き声も響きわたっていたといいます。機内の窓から見える炎がだんだんと大きくなるのを見て、乗客の不安も一気に増していきます。（98ページへ続く）

第 6 章

Decide
ディサイド

決めるときは

大胆に「きめる」！

# 「判断」と「決断」の違いを しっかりと区別しよう！

## ★判断は考えるだけ、決断は行動がともなう

　OODAの「D」は「Decide（きめる）」です。この「きめる」は、「判断」ではなく「決断」です。この2つの言葉は似ているようですが、じつは異なる意味をもっているので確認していきましょう。
「判断」とは、状況や情報をもとにして、何が正しいか、何が適切かを考えることです。たとえば、天気予報を見て「雨が降るかもしれないから傘を持っていったほうがいい」と考えることが「判断」です。
　一方、「決断」は、判断した結果をもとに、「どうするか」を決めて行動に移すことです。「じゃあ、傘を持っていこう」と決めて、実際に傘を持って家を出る——それが「決断」です。
　判断と決断の違いは、「考えるだけ」か「考えて実際に行動する」かにあります。これからは、「判断」と「決断」を区別して考えましょう。判断しても、決断しなければ何も変わりません。逆に判断が十分でないままに決断しても「もっと考えてから行動すればよかった！」と後悔することになりかねません。だからこそ、しっかりと状況を判断して、どう行動するかを決断するのです。
　OODAの「きめる」は「決断」です。そこで決断したことをOODAの「A」、つまり「Action（うごく）」につなげるのです。

## 「判断」と「決断」の違い

**頭のなかで完結する！**

### 判断

何かを見たり聞いたりして、「これがいいかも」「これが正しいかも」と考えることです。たとえば、外が暗くなってきたら「もうすぐ夜になるな」と気づくことが「判断」です。

**必ず行動がともなう！**

### 決断

「判断」したことをもとに、「じゃあ、こうしよう！」と実際に行動を決めることです。たとえば、「もうすぐ夜になるから、家に帰ろう」と決めて、実際に帰るのが「決断」です。

判断と決断の違いを深く考えたことなかった！ 決断しないで判断してもあまり意味がないかも！

私は判断してもなかなか行動できないから、決断できないってことか……。優柔不断だからなぁ。

第6章 《Decide》決めるときは大胆に「きめる」！

- 「判断」と「決断」の違いを考えたことはあった？
- 判断するだけで決断しないとどうなるだろうか？
- 判断せずに決断するとどうなるだろうか？

89

# 「きめる」ときに大事なのは「覚悟」すること

## ★ 覚悟をもった決断はあなたを前進させる

　私たちは日々、大きな決断から小さな選択までさまざまな選択に迫られています。しかし決断には不安や迷いがつきものです。そんなときに最も大切なのは、「覚悟」です。
「覚悟」とは、自分が下した決断に対して責任をもち、結果がどうであれ、その選択を受け入れる心がまえのことです。それがなければ、決断に対して後悔や不安がつきまとい、次の一歩を踏み出すことが難しくなります。逆に、覚悟があれば、どんな結果が待っていようとも、自信をもって前進することができます。
　たとえば進学先を選ぶとき、友だちの意見や周囲の期待に流されることなく、自分が本当に進みたい道を選ぶことが重要です。そのときに必要なのは、自分の選択に責任をもつ「覚悟」です。その覚悟があれば、たとえ困難が待っていたとしても後悔せずに前を向いて進むことができるでしょう。一方、覚悟がなければ、予期しない結果に直面すると、すぐにあきらめてしまったり、困難を乗り越えられないかもしれません。
　あなたは覚悟して何かを「きめた」経験がありますか。そのとき、どのように覚悟をもって決断を下しましたか？

## 「きめる」の4つのプロセス

**① 選択肢を考える**
▶ 何かを決めるとき、いくつかの選択肢を考える。自分にはどんな道があるかを知ることから始める。

**② 自分の気持ちを確認する**
▶ それぞれの選択肢に対する自分の気持ちを確認する。「本当に大切なことは何か?」を考えることが大切!

**③ 覚悟をもつ**
▶ どの選択肢を選ぶにしても、「結果がどうであれ、それを受け入れる覚悟」が必要。この覚悟がないと、選んだあとで迷いや不安がつきまとい、先に進むことができなくなる。

**④ 決断する**
▶ 覚悟をもって選んだ道を、自信をもって進む。覚悟があれば、どんな結果が待っていても自信をもって前に進むことができる!

> 覚悟をするか。優柔不断だからなぁ

第6章 《Decide》決めるときは大胆に「きめる」!

## ? 考えてみよう

● これまでに「覚悟」をして決断したことはある?
● 覚悟をもって決断した人とそうでない人なら、どちらのほうがピンチに強いと思う?

# 判断が遅れるほど、状況は悪化する

## ★時間が少なくなると解決策が少なくなる

　毎日やっていることのなかで、「今、どうするか」を決めることはとても大事です。もし判断が遅いと、そのあとにどんなことが起こるでしょうか。

　たとえば、テスト前に「どの科目から勉強しようかな」と迷ってばかりいると、次第に時間が少なくなってきて準備ができず、テストで思うような点数が取れなくなるでしょう。

　友だちと遊ぶ約束をするときも、「どうする？ どうする？」と遊ぶ場所や時間をなかなか決めないでいると、友だちにほかの予定が入ったりして、楽しい時間を過ごせなくなるかもしれません。

　夏休みの宿題も「いつかやろう」と考えているうちに始める時間がどんどん遅くなり、最後は時間が足りなくなって絶望的な状況になります。さっさと宿題を始めていれば、焦らずに済んだはずです。

　このように判断が遅れると、あとで困ることが多いのです。だから何かを決めるときは早めに決めたほうがいいことがほとんどです。もちろん、しっかり考えることも大事です。しかし、考えるだけではテストの点数はよくなりませんし、宿題も終わりません。考えてばかりで何もしないと、状況が悪化することが多いので気をつけましょう。

## 「きめる」タイミングで結果は変わる

中学受験まであと3カ月だけど、全然勉強をしていない。ちょっとまずい！

**3カ月前**

 〈Aさん〉
まだ時間がある。なんとかなるか！

 〈Bさん〉
まだ間に合う！よし勉強しよう！

**2カ月前**

うーん、まだ大丈夫っしょ！

早めに始めてよかった！

**1カ月前**

よしやるぞ！と思ったけどもう間に合わない！

きっと大丈夫だと思う！

Aさんのように決断が遅くなれば、残り時間が少なくなってピンチを挽回できなくなる可能性が大きくなります。どうせ決断するなら早めにしましょう！

第6章 《Decide（ディサイド）》決めるときは大胆に「きめる」！

**? 考えてみよう**

- なかなか決められないことがよくある？
- 友だちと遊ぶ約束をするとき、早く決めないとどんなことが起こるか考えてみて！

93

# 覚悟を決めて「決断」した杉原千畝

## ★戦時中にユダヤ人の命を救った外交官

　杉原千畝は、第二次世界大戦中にリトアニアの日本領事館で働いていた外交官です。1940年当時、外務省からの指示は厳格で、ドイツから逃げるユダヤ難民に対してビザを発給しないようにとの命令が出されていました。しかし彼はその命令に反して、ユダヤ難民に日本へ行くことができる2139枚のビザ（入国許可証のようなもの）を発給して、約6000人のユダヤ人を救ったことで知られています。

　このころナチスドイツは反ユダヤ主義を掲げ、ユダヤ人というだけで強制収容所に入れたり、銃や毒で命を奪っていました。命の危険を目の当たりにした杉原は、「ビザを発給して、ユダヤ人が日本に行くことができれば助かる」と考えたのです。もしそれを行えば、法に反する可能性があり、自身のキャリアや命に危険が及ぶおそれがありました。それでも命令を破ってでも自分の良心と道徳にもとづいて、覚悟を決めてビザを発給する決断を下しました。なぜなら、彼にとって最も大切なことは「人命」だったからです。

　今後、彼のように簡単に決断ができないような難しい場面も出てくるはずです。そのときは「何が自分にとって最も大切なことか」という基準を意識しておけば、後悔のない決断ができるはずです。

## 「命のビザ」で知られる杉浦千畝

### → 杉原千畝（1900−1986年）

岐阜県出身の外交官。第二次世界大戦中、リトアニアのカウナスにある日本領事館に赴任し、ナチス・ドイツの迫害を逃れようとした数千人のユダヤ人にビザを発給しました。このビザは「命のビザ」として知られ、彼らの命を救う手助けとなりました。1947年に外務省を退職したあとは職を転々とし、晩年は商社で勤務しました。

### 《杉原千畝の言葉》

「私のしたことは外交官としては間違っていたかもしれない。しかし、私には頼ってきた何千もの人を見殺しにすることはできなかった」

第6章 《Decide》決めるときは大胆に「きめる」!

自分のことよりも他人の命を優先にした勇気ある決断をした杉原さんはかっこいいと思う。自分もそんな決断ができる大人になりたいです！

杉原さんは、「何を最も大切にするか」がはっきりしていたので難しい決断ができたんです。

### ? 考えてみよう

- 杉原千畝の「決断」についてどう思った？
- おうちの人に、杉浦千畝の立場だったら、どんな決断するかを聞いてみて！

# 決断力アップのために日ごろからできること

## ★日常の小さな決断が未来を変えるかも!

　決断力は急に身につくものではなく、日々の習慣や心がけがとても大切です。日常の小さなことから「きめる」練習をしてみるといいでしょう。たとえば今日の服をどうするか、どの本を読むか、何をおやつにするかなど、自分で考えて、素早くきめる小さな決断を積み重ねて、それを習慣にしてみるのです。こうすることで少しずつ自信がつき、大きな決断もスムーズにできるようになるはずです。

　いくら深く考えても答えが出ずに迷ってしまうときは、自分の直感に従って思い切った決断をすることも必要です。もしその決断が思いどおりの結果を導くことになれば、決断することに対する自信がつくでしょう。

　もちろん決断したことがうまくいかないこともあります。それでもその失敗を振り返って学ぶことができれば、次に適切な判断ができるようになるはずです。

　一方で、決断をためらってばかりいたらどうでしょうか。次に適切な判断ができるようになるための材料になる失敗すらできません。だからこそ、大きな決断をするときに備えて、日ごろから小さな決断を続けて、そのなかの失敗から学んでいきましょう。

## 日常から「決断力アップ」のためにできること

以下のような場面で、自分で考え、意識的に素早く「きめる」ようにしてみましょう。

❶ 今日着る服を決める
→ 天気や気分に合わせて、どの服にするか自分で考えて決める。

❷ どの本やマンガを読むかを決める
→ たくさんの本やマンガから今日は何を読むかを決める。

❸ 宿題や課題の順番を決める
→ やらなければならない宿題や課題を、どの順番で取り組むか決める。

❹ 放課後に遊ぶ友だちを決める
→ だれと遊ぶか、だれに声をかけるかを自分で決める。

❺ テレビで何を観るかを決める
→ テレビの番組や YouTube で何を観るか、迷わず選ぶ。

❻ おやつを何にするかを決める
→ おやつの時間に、何を食べるか自分で考えて選ぶ。

❼ 友だちと遊ぶ場所を決める
→ どこで遊ぶかを友だちと相談して決める。

❽ 買い物に行ったとき、何を買うかを決める
→ 家族や友だちと一緒におやつやおもちゃを買うとき、自分で何を買うかを選ぶ。

❾ ご飯のおかずを決める
→ 家族と話し合って、ご飯のおかずは何を食べたいかを決める。

いつも服選びに時間がかかりすぎて、「早くしなさい!」って怒られてる……。

第 6 章 《Decide》決めるときは大胆に「きめる」!

### 考えてみよう

● これまでに決断できずに後悔したことはない?
● 日常で「きめる」練習ができる場面はどんなときだと思う? 自分なりに探してみて!

★★★ COLUMN ★★★

《 ピンチを切り抜けた、知っておきたい事故② 》

（86ページから続く）機長、2人の副操縦士、9人のCAはこの時点でトラブルが生じた原因や位置がよくわかっていません。しかもインターホンが不作動となり、操縦席の機長・副操縦士と客室のCAとの間の連絡が困難になっていました。

　客室内のCAは乗客をすぐに脱出させませんでした。むやみに出口を開ければ、機内に炎が入り込むおそれがあったからです。機内がパニックになれば大変です。乗客がCAの指示を聞かずに出口に殺到すれば、機内は混乱に陥り収拾がつかなくなります。CAたちが乗客をすぐに脱出させなかったのは、正確に状況を把握して、どの出口から脱出させるのが安全かを冷静にかつ素早く判断しようとしていたからです。そして、8カ所ある出口のうち「5カ所は火災の影響で使用不能」と判断。最前列の左右、最後尾の左の計3カ所から滑り台状の脱出シューターで乗客を脱出させることを決断します。そして衝突からわずか18分後の午後6時5分に全員の避難が完了したのです。

　もし、乗客がパニックになって出口に殺到したり、CAの指示を聞かなければ、わずか18分で全員脱出は不可能だったでしょう。乗客もCAの指示に従って脱出したことは、乗客自身の命を守ることにもつながったのです。

　まもなくJAL機全体に炎が広がり、鎮火したのは日付が変わった翌日の午前2時過ぎでした。（110ページへ続く）

# 第7章

# Act
# きっとうまくいくと
# 思って「うごく」！

# いくら考えていても行動しないと変わらない！

## ★「みる」「わかる」「きめる」だけでは無意味！

　どんなにいい計画や方法を思いついても、それを実行に移さなければ何も変わりません。「そんなの当たり前！」という声が聞こえてきそうですが、その当たり前のことをするのが難しいのです。

　おうちの人に「勉強しなさい！」と言われて、「ちょうど勉強をしようとしてたのに……。あーあ、やる気なくした」と変な言い訳をしたことはないでしょうか。そこでやる気をなくしてもあなたにとって無意味です。この場合なら、「勉強する」という行動を起こしてこそ成績アップのチャンスが生まれるからです。

　OODAの「A」の「Act（うごく）」は、まさにこの行動の部分です。観察し、状況を判断し、どうするかを決めても、実際に行動しないかぎりはピンチから脱出できません。たとえば、友だちとケンカして「謝る気持ちはある！」と強く思っていても、口に出して「ごめん」と言わなければ、その気持ちは相手に伝わりません。仲直りしたいなら、まずは行動として「謝る」ことが大切です。

　OODAのほかのステップ、「みる」「わかる」「きまる」は、すべて「うごく」を効果的に行うための準備です。「うごく」ができなければ、それまでの過程に意味がなくなってしまうのです。

## 「うごく」をしなければすべて水の泡

「うごく」をしなければ、「みる」「わかる」「きめる」は無駄になる！

行動しなければ、「きめる」が行動をともなう「決断」ではなく、「判断」にしかならないわ！

OODAは「うごく」ための考え方！うごかなければ、ピンチから抜け出せず、状況がますます悪化するだけ！

### ❓ 考えてみよう

- 「何もしない」と何も変わらないと思わない？
- 「どうしようかな」と考えているだけで、ずっと行動しないままにしていることはない？

# 2

# 「行動する」と決めたなら すぐに「うごく」!

## ★「きめた」なら、先延ばしはやめよう!

「よし、やるぞ!」と決めた瞬間は、じつはとても大切なタイミングです。なぜなら、すぐに行動に移せば、その勢いでどんどんものごとが進むからです。でも、もしその場で少しでも立ち止まると、「あとにしよう」と思い始めて、せっかくのチャンスを逃しかねません。

たとえば、「津波が来るかもしれないから逃げよう!」と決めたとします。そのときすぐに逃げずに、「まだ大丈夫だろう。あとで逃げよう」と考えてしまうと、気づいたら津波に巻き込まれているかもしれません。

「友だちに謝ろう」と決めたなら、その場で「ごめんね」とすぐに謝ることです。「あとで謝ろう」と先延ばしにして気まずい時間がずっと続くほうが、よほどイヤな気分になるのではないでしょうか。「謝ろう」と決めたのなら迷わずさっさと行動したほうがいいはずです。

OODAの「うごく」は、ただ「うごく」のではなく、「すぐにうごく」ことです。面倒くさいことを先延ばしにしたせいで、あとでよほど面倒なことになった経験があるはずです。だからこそ、「やるぞ!」と思ったのならすぐに「うごく」ことです。素早い一歩がピンチを乗り越えたり、目標を達成するための大きな力になります。

## すぐうごくか、あとでうごくかで結果は変わる

「きめた！やるぞ！」

**すぐにうごく**
《津波の場合》
安全な場所に到達！

《友だちに謝る場合》
すぐに仲直りできた！

すぐにうごくと成功

**あとでうごく**
《津波の場合》
津波に巻き込まれてしまった

《友だちに謝る場合》
気まずさが続く

あとでうごくと失敗

（すぐに行動することでピンチを避けることにつながる！）

第7章 《Act》きっとうまくいくと思って「うごく」！

### ❓ 考えてみよう

- 「やろう！」と思ったのに、グズグズしてしまって、おうちの人によく怒られたりしていない？
- 「もっと早く動けばよかった！」と思ったことはない？

# 3

# 失敗をおそれずに楽観的に行動しよう！

## ★ 悲観的な準備は楽観的に行動するため

　何かに挑戦しようと思ったとき、「うまくいかなかったらどうしよう」と不安になるものです。不安になれば行動することが怖くなってしまいます。そこで大切なのは、失敗をおそれずに楽観的に行動することです。ただし、「楽観的に」とは、根拠もなく「何とかなるさ」と考えることではありません。

　74ページで説明したように、失敗しそうなことをあらかじめ想定しながら悲観的に準備することが大事です。たとえば、友だちや家族の前で発表の練習をしたり、質問にすぐ答えられるようにしておくと、緊張しても「これだけ準備したんだから大丈夫！」と自分を信じられるようになります。初めてスケボーに挑戦するときもヘルメットやひざ当てを準備しておけば、「転んでも大丈夫」と前向きな気持ちになれるでしょう。

　失敗は怖いものだからこそ十分な準備をして、「ここまで準備したのだから大丈夫」と思える状態をつくっておくのです。十分に準備したなら、行動する際に悲観的になる必要はありません。「絶対にうまくいくはず」と自信をもって行動するのです。そうすれば、不安に押されて動くより、いい結果が出せるはずです。

**準備をしておけば、思い切って行動できる！**

スケートボードをするときヘルメットやひざ当てがあれば、「転んでも大丈夫」と気持ちに余裕が出て、思い切って楽しむことができるはず！

**準備をしっかりすることで、「うごく」ときに失敗をおそれず楽観的に行動できる！**

第7章 《Act》きっとうまくいくと思って「うごく」！

**? 考えてみよう**
- 何かに挑戦するとき、なぜ「うまくいかなかったらどうしよう」と不安になるのだと思う？
- 「楽観的に行動する」ために、どんな準備をする？

A.RICARDO / Shutterstock.com

105

# 行動するのが怖かったら、「行動しない場合」を考える

## ★行動しないことのほうがよほど怖いかも！

　たとえば、授業中におなかが痛くなったとき、「先生にトイレに行きたいと恥ずかしくて言えないから、授業が終わるまで我慢しよう」と思う人がいます。でも、トイレに行きたいことを先生に伝えられないと、「我慢できずにもらす」という最悪の事態に陥るかもしれません。

　少し見方を変えてみましょう。「トイレに行きたいことを先生に伝える」と、「うんちをもらす」のどちらを本当に避けたいかを考えてみてください。やはり「うんちをもらす」ことを避けたいはずです。「こうしたほうがいいかな」と感じたのなら、その行動をしなかった場合にどのような結果が待っているかを考えてみましょう。そうすることで、行動しないほうが、よほど自分にとって大きなリスクをともなうかがわかるはずです。

　行動しない結果をしっかり想像してみましょう。そうすれば、多くの場合、行動することが最善の選択であると気づいて、勇気を出して行動する大切さがはっきりと見えてくるはずです。

　また、迷ったときでも、きちんと準備をしていれば、直感に従って行動しても結果的に正しい選択をしていることが多いものです。準備をしてきたのなら思い切って行動していいかもしれません。

## 「行動した場合」「行動しない場合」を比較して考える

### 困っている友だちを助ける

**《行動する》**
困っている友だちに「手伝おうか」と声をかける。
↓
友だちに感謝されていい関係に。次に自分が困ったときに助けてもらえるかも。

**《行動しない》**
困っている友だちがいても見て見ぬフリをしてしまう。
↓
友だちはさらに困る。自分が困ったときに助けてもらえないかも。

### 発表や質問をする

**《行動する》**
授業中に発表したり、先生に質問する勇気をもつ。
↓
先生やクラスメイトからほめられ、自信がつく。わからないことが解決し、理解が深まる。

**《行動しない》**
発表や質問が怖くて、手を挙げない。
↓
わからないままで授業が進み、不安が残る。自信を失い、次回も発言しづらくなる。

行動するのが怖いときは、「行動しない場合」をよく想像してみてください。「行動しないともっと大変なことになる」とわかるはずですよ。

第7章 《Act》きっとうまくいくと思って「うごく」！

## ? 考えてみよう

- ふだんから、行動しなかったら「どんな結果になるだろう？」と考えたりすることはある？
- 何も準備をせずに直感で判断してもいいと思う？

# 5

# 反省をして、次の行動をよりよいものにしよう!

## ★「反省」はあなたをピンチに強くする

　うまくいかなかったり、失敗すると「ああ、なんであんなことをしてしまったんだろう」と後悔します。でも、ただ後悔しているだけでは、また同じ失敗を繰り返してしまうかもしれません。大切なのは、失敗したあとに「反省」することです。「何がうまくいかなかったのか」「どんなところが間違っていたのか」を振り返ることで、冷静に失敗の原因を考えることができます。

　たとえば友だちとケンカをしてしまったとき、どうしてケンカになったのかを考えてみましょう。もしかしたら言い方がきつかったのかもしれませんし、相手の気持ちを考えずに話してしまったのかもしれません。反省することで、その原因を見つけることができます。

　そして、それをもとに「次にどうすればいいか」を考えるのです。「もっとやさしい言葉を使おう」「相手の話をしっかり聞こう」と思ったのなら、同じような場面になったとき、よりよい対応ができます。

　行動して失敗しても必要以上に落ち込む必要はありません。むしろ「早く失敗したほうが、反省するチャンスも早く訪れる」と前向きに考えてもいいくらいです。それを次に生かせばいいのです。そうすれば、あなたはもっとピンチに強くなれるはずです。

## どうせ失敗するのなら、早いほうがいい!?

# Fail fast, Learn fast.
### 〈早く失敗して、早く学べ〉

▶チャレンジして失敗しない人なんていません。

この言葉は、失敗をおそれずにチャレンジする大切さを伝える言葉です。失敗は将来のリスクを避けるための大きなヒントになるはず！

なるべく失敗したくない！「早く失敗して」と言われても……。

失敗したい人なんていませんよね。私も失敗はしたくありません。でも、チャレンジには失敗はつきものです。どうせ失敗するなら早めに失敗したほうが早く学べると思いませんか？

### 考えてみよう

- 失敗したあとに、ただ後悔だけをしていない？
- 「落ち込むこと」と「反省すること」の違いについておうちの人と話し合ってみて！

第7章 《Act》きっとうまくいくと思って「うごく」！

★★★ COLUMN ★★★

《 ピンチを切り抜けた、知っておきたい事故② 》

（98ページから続く）CAたちがピンチのなかでも「みる」「わかる」「きめる」「うごく」を迅速に、かつ適切に行っていなければ、全員の無事は確保できなかったはずです。

　日本航空では、さまざまな状況を想定して年1回は、機体の片側から乗客全員を90秒以内に避難誘導する訓練をしているといいます。しかも、これはただの訓練ではありません。実技と筆記の試験を受けて合格しないと、以降は乗務ができなくなるという厳しいものです。日ごろから安全のために乗客の見えないところで、めったに起こらないピンチに備えて、「何が起こるかわからない」と悲観的に準備をしているのです。

　残念ながら海保機の乗員6人のうち5人が亡くなり、1人は重傷を負いましたが、JAL機はあれだけ激しく機体が燃えたにもかかわらず、全員が無事でした。それは世界中のメディアから「奇跡」と称賛されるほどでした。また、乗客も「奇跡」の立役者でした。CAの指示に従い、だれも自分の荷物を持ち出さないなど、秩序ある行動をとったからです。

　厳しい訓練をしていなければ、CAたちもパニックに陥っていたでしょう。そもそも、ほとんどのCAはこのような事故にあいません。それでも訓練をしてピンチに備える――この事故はそうした準備の重要性や、周囲を観察し、冷静に判断・行動することの重要性を私たちに教えてくれています。（おわり）

# 第 8 章
# ピンチに備えた日ごろの準備と心がまえ

# 生活習慣を変えれば、将来のピンチを減らせる！

## ★いい習慣は将来の自分を助けてくれる

　テスト前になって「ああ、もっと勉強しておけばよかった！」と焦ったり、虫歯になって痛みに苦しんだり、さまざまなピンチは望んでもいないのにひんぱんにやってきます。そんなピンチを避けるには、毎日の生活習慣がとても大切です。

　毎日少しずつ勉強しておけば、テスト前にあわてることなく、自信をもってテストに臨めます。毎日しっかり歯を磨いていれば、虫歯になりにくく、歯医者でわざわざ治療を受けなくて済みます。ほかにも、健康的な食事を続けることで病気になりにくくなりますし、早寝早起きを心がけることで学校の授業に集中できます。

　「なんか面倒だな」と思うかもしれませんが、習慣化すれば負担は思ったほど大きくないはずです。それよりも悪い点数を取ったり、治療で痛い思いをするほうがよほどイヤではないでしょうか。

　人間は「習慣の動物」といわれます。よい「習慣」を身につけ、それを続けることは、今の自分のためだけでなく、未来の自分を守るためにとても大事です。今日から自分ができることを少しずつ始めてみましょう。それが将来のピンチを減らすための大きな一歩になります。きっと「習慣化してきてよかった」と思うときがくるはずです。

## 生活習慣を変えると将来のピンチを減らせるかも！

**①毎日歯を磨く**
→将来の虫歯や歯周病を予防する

**②バランスのいい食事をとる**
→成長に必要な栄養不足や将来の生活習慣病のリスクを下げる

**③毎日決まった時間に寝る**
→睡眠不足による体調不良や学力低下を防ぐ

**④外で元気に遊ぶ**
→運動不足や肥満を防ぐ

「外で元気に遊ぶ」以外は面倒なことばっかりだ。

**⑤手洗い・うがいをする**
→風邪や感染症を予防する

**⑥宿題や勉強を計画的に進める**
→将来のテストの不安や勉強の遅れを防ぐことができる

**⑦人の話をしっかり聞く**
→誤解やコミュニケーションのトラブルを防ぐ

**⑧おもちゃや本を片付ける**
→ケガやモノをなくすリスクを減らすことができる

あたり前のことをきちんとすると、リスクを減らすことにつながるんですよ。

第8章 ピンチに備えた日ごろの準備と心がまえ

### ？ 考えてみよう

- 将来のリスクを下げるためにしていることはある？
- 「なんか面倒だな」と思うことを習慣化できると思う？ 考えてみて！

# 学校や家でできることを考えよう!

## ★ピンチを防止するためにできることがある

　毎日の生活習慣は、将来のピンチを減らすことがわかりました。では、具体的に学校や家で何ができるかを考えてみましょう。

　まず、学校では授業中にしっかりとノートを取ったり、先生の話を集中して聞いたりすることが大切です。これによって、家に帰ってからの復習がスムーズに進みますし、テスト前にあわてることも少なくなります。また、友だちと協力して勉強することで、お互いに教え合い、理解を深めることができます。

　家では、毎日の宿題を計画的に進めることが大事です。後回しにしないことで、夜遅くまで勉強する必要がなくなり、十分な睡眠を取ることができます。また、家族と一緒に健康的な食事を楽しむことも、元気な体を保つために大切です。早寝早起きを習慣にすれば、朝から元気に学校に行けるでしょう。

　すべてを完ぺきにする必要はありません。少しずつ取り組んで習慣にすれば、将来、「あのとき、○○をしなければよかった」と後悔することが減り、過去の自分に対して「あのときの自分はいい決断をしたな」と思えるときが必ずきます。

　学校や家でできることを見つけて、少しずつ実践してみましょう。

## ピンチを防ぐためには特別なことをしなくてもいい

あたり前にやるべきことを、あたり前にやるだけでも、のちのちのピンチを防ぐことにつながるものです。あなたの日常にもできることはたくさんあるはずです。

### ピンチに陥るのはイヤなはず！
### のちのちピンチにならないために
### できることはたくさんある！

**? 考えてみよう**

- 「ちゃんとやったほうがいいと思うけど……」と思いながら、できていないことはない？
- 「やっておいてよかった」と思う習慣はない？

第8章 ピンチに備えた日ごろの準備と心がまえ

# 3

# おうちの人と「ピンチ」について話し合ってみよう!

## ★ ピンチを防ぐためのヒントをくれるはず!

　ピンチにどう対処すればいいか、おうちの人と話し合ってみましょう。もしおうちの人に相談しづらいことなら、友だちや先生など相談しやすい人と話し合ってもいいかもしれません。

　こういうことは、ついついひとりで抱え込んでしまいがちです。いくら考えても、いいアイデアが浮かばなければ、ただただ時間ばかりが過ぎるだけです。そうなると解決する手がなくなるかもしれません。

　ピンチを乗り越えるにはひとりで悩むのではなく、だれかと話し合って対策を考えるのはとてもいい方法です。「三人寄れば文殊の知恵」というように、複数の人々が協力することでより優れた知恵や解決策が見つかるからです。

　また、おうちの人が経験してきたピンチについて聞いてみるのも勉強になります。これまで考えてこなかったようなリスクに気づくことができるかもしれませんし、それに対して事前に準備できるようになります。そのリスクをどのように乗り切ったかを聞けば、きっとその解決方法は参考になるでしょう。もしかしたら、あなたが想像する以上にリスクに対してしっかり備え、数々の困難を乗り越えてきたことをあらためて知ることができるかもしれません。

## 大人はこれまでピンチを乗り切ってきたはず！

大人は長く生きているぶん、これまでにたくさんのピンチを乗り切ってきています。信頼できる大人に相談すれば、いい解決策を教えてくれるかもしれません。

### ひとりで考えてもわからないときは周りの人に頼ったほうがいいこともある！

第8章 ピンチに備えた日ごろの準備と心がまえ

### ? 考えてみよう

- ピンチになったときに相談できる人はいる？
- もし相談する相手がいない場合、どんな方法でピンチを乗り越えられると思う？

# 4

# 「苦労は買ってでもせよ」で困難に立ち向かおう！

## ★ 若いうちに経験した困難は将来役立つ！？

　宿題を後回しにして遊んだり、厳しい練習をサボろうとしたり、難しいことに挑戦しなかったりと、人は楽な道を選びたくなるものですが、頑張って努力を続けることで、自分を強くする大切な力が身につきます。挑戦すれば最初はうまくいかず、失敗することもあります。テストで思ったように点数が取れなかったり、難しい宿題ができなかったりするかもしれません。それでも、「ピンチ！」が訪れても困難を乗り越える努力をすれば、自分の力がどんどん伸びていきます。

　苦労をした人は、困難に直面する人に共感できるので、相手の立場がわかる〝コウモリの眼〟も磨かれます。それによって友だちや家族との絆も深まります。絆を深めた人たちは、あなたがピンチになったときにきっと心強い支えになってくれるはずです。

　「若いときの苦労は買ってでもせよ」という言葉があります。これは若いうちに経験する苦労は将来きっと役に立つという意味です。もちろん、すべての困難に挑むべきとはかぎりません。命に関わるようなピンチは絶対に避けるべきですが、そうでない難題や困難には挑戦してみましょう。その先には必ず、自分を成長させてくれる大切な学びがあります。それが、あなたの未来をより充実させてくれるはずです。

## 若いころに苦労して成功した有名人

### ➔ 三浦知良（プロサッカー選手）

通称「キング・カズ」は、若いころにサッカー選手になると決断し、15歳で単身ブラジルへ渡りました。異国での生活に苦労しながらも、ブラジルでの厳しいプロ生活に挑戦したのち、Jリーグや欧州リーグ、日本代表で活躍しました。50代を過ぎても現役選手としてピッチに立ち続ける姿勢は、多くの人々に感動を与えています。

### ➔ 安藤百福（日清食品創業者）

戦争中、台湾出身であるために差別を受けたり、戦後の日本で苦しい生活を送りましたが、インスタントラーメンを発明するという革新的なアイデアで成功を収めました。彼は何度も失敗や経済的な苦労を経験しましたが、最終的には「チキンラーメン」や「カップヌードル」を生み出し、世界的に成功を収めました。

第8章 ピンチに備えた日ごろの準備と心がまえ

### ❓ 考えてみよう

- おうちの人に、若いうちに経験してよかったと思える困難やピンチがあったかを聞いてみて！
- 安全を重視しすぎることをどう思う？

出所:"Kazu Miura at Matsuda tribute match 20120122" by nnorio nakayama is licensed underCC BY 2.0

# 5

# これからもピンチは必ず訪れる！

## ★ピンチは避けられないからこそ備えておく

　OODAの考え方を使えば、ピンチを未然に防いだり、なるべく問題が大きくならないようにすることができるかもしれません。しかし、どれだけ準備をしても、突然の体調不良や予想外のトラブルなど、予期できないピンチはこれからの人生で必ず訪れます。

　たとえば、テスト前にしっかりと勉強計画を立てて準備することで、テストの点が悪くなるピンチを避けられます。また、友だちとのトラブルを未然に防ぐために、日ごろから相手の気持ちを観察し、理解する努力をすることが大切です。

　「ピンチは起こらないでほしい」と思うことは自然ですが、そう思ったところでピンチは必ずやってきます。だから、最初から「いつか必ずピンチはやってくる」ぐらいの気持ちでいるほうが、準備もでき、実際にピンチに直面したときに冷静に対処できるかもしれません。

　むしろピンチが起こらないことを望み、それを前提にしてしまうと、リスクに備えることをなまけてしまいます。そしてピンチに陥るとあたふたして冷静さを失い、状況を悪化させてしまう可能性が高いのです。ピンチは必ず訪れます。だからこそ、日ごろからリスクマネジメントを考え、失敗を前向きにとらえる心がまえをもちたいものです。

## エジソンは1万回以上失敗して白熱電球を発明した！

➡ **トーマス・エジソン**
（発明家）

エジソンは小学生のときに質問ばかりして、先生に「お前は頭が悪い」と言われてわずか3カ月で小学校を退学しました。その後は家で勉強し、のちに有名な発明家になりました。白熱電球を発明する過程で1万回以上の失敗（なお、1万回という数はエジソンが大げさに言ったとされています）をしたといわれています。そんな彼は失敗をピンチととらえず、「私は失敗したことがない。うまくいかない1万通りの方法を発見しただけ」と前向きにとらえ続けていました。

昨日も今日も失敗しているけど失敗ではないんだな。これからは先生やおうちの人に怒られても気にしないぞ！

いや、それは違うんじゃない？ それにしても「失敗をしたことがない」なんて、エジソンってめちゃ前向きだと思う！

第8章　ピンチに備えた日ごろの準備と心がまえ

**? 考えてみよう**

● 失敗をしてもあきらめずに続けて成功すれば、それまでの失敗は成功するために必要なことだったと思わない？

# 6

# ピンチが起こったら「自分のせいかも?」と考える

## ★「自分のせいかも?」と考えて失敗から学ぶ

　宿題を忘れたり、友だちとケンカをしたり、これからさまざまなピンチがやってきます。でもそのときに、「もしかしたら自分のせいかも?」と考える姿勢をもつことはとても大事です。

　たとえば、友だちに「そんなことを聞いていないけど……」と言われたとき、「ちゃんと言ったのに聞いていないお前が悪い!」と友だちのせいにするのは簡単です。でも、こんなときでも「もっといい伝え方があったのかも」と考えるようにするのです。そうすることで、もっと上手な伝え方を学ぶことができます。自分の成長につなげることができるのです。

　友だちとケンカをしたときも、「アイツが悪い」だけではなく、"コウモリの眼"を使って相手の立場になって、「自分にも非があったかも……」と振り返ってみましょう。もっとやさしい人間になるためのきっかけになるかもしれません。

　大切なのは失敗やうまくいかなかったことから学び、自分の行動をよりよくしていくことです。失敗や間違いをしても自分を必要以上に厳しく責めないようにしましょう。また、ピンチに困ったときは友だちや家族の意見に素直に耳を傾けることも大切なことです。

## あなたならこんなときにどう考える?

昨日、「明日、あのマンガを貸してって言ったけど、持ってきてくれた?」

えー、はっきりと言った? そんなことを聞いた覚えはないけど。

いや、絶対言ったよ。なんで人の話を聞いていないの?

えっー、私が悪いの? 本当にそんなことを言ったの? 勘違いじゃない?

**Q このときあなたはどう考える?**

| 「自分の伝え方にも非がある」と考える | VS | 「相手が悪い」と考える |

（どちらの考え方が将来の自分にとってプラスになるだろうか?）

第8章 ピンチに備えた日ごろの準備と心がまえ

## ? 考えてみよう

- 「自分は悪くない」と考えがちではない?
- 他人のせいにしたくなるときでも、自分は「100%正しい」と本当に言い切れるだろうか?

# ピンチはピンチではない！チャンスと考えよう！

## ★ピンチは成長する機会を与えてくれる！

　これからの人生で困難な状況やピンチに必ず遭遇します。でも、そのピンチを乗り越えることは、あなたを成長させるチャンスです。

　たとえば、テストで悪い点を取ってしまったら落ち込むかもしれませんが、そのおかげで「どこを間違えたのか」「どうすれば次はうまくいくのか」を考えるはず。それは次のテストでいい点を取るチャンスです。友だちとケンカをしたら悲しい気持ちになりますが、「相手の気持ちを考えること」や「自分の意見を伝える方法」を学ぶチャンスです。仲直りすれば、もっと強い友情を築けるかもしれません。

　急に予定が変わったり、思いがけないことが起こってピンチになったときも、それに対応する力を身につけるチャンスです。柔軟な考え方や行動ができるようになれば、どんな状況にだって対応できます。

　ピンチに直面したときは、自分自身を見つめ直すいい機会です。自分の強みや弱みを知り、改善する方法を考えれば、よりよい自分になれるはず。失敗だって成長のための大切なステップです。

　次にピンチが訪れたときは、「成長するためのチャンスだ！」と前向きに考えてみましょう。きっと新しい発見や成功が待っているはずです。

## 「ピンチ」に関する名言を見てみよう！

➡ **ジョン・F・ケネディ**
（アメリカ第35代大統領）

「中国語で書くと、危機という言葉は
二つの漢字でできている。
ひとつは危険、
もうひとつは好機である」

➡ **ウィンストン・チャーチル**
（イギリス第61・63代首相）

「楽天家は、
困難のなかにチャンスを見出す。
悲観論者は、
チャンスのなかに困難を見る」

ケネディさんはうまいこと言うなぁ。たしかにそう思う！

困難のなかにチャンスを見出すか……。それができるといいんだけど……。

第8章 ピンチに備えた日ごろの準備と心がまえ

### 考えてみよう

- 「ピンチをチャンス」と思えるだろうか？
- これまでにピンチのおかげで「成長できたな」と思えた経験はない？

【参考文献】
- 『OODA 危機管理と効率・達成を叶えるマネジメント』
  （徳間書店）小林宏之・著
- 『機長の「集中術」』（CCC メディアハウス）
  小林宏之・著
- 『IT に巨額投資はもう必要ない』（ダイヤモンド社）
  新生銀行Jメソッドチーム・著／
  司馬 正次・監修ジェイ・デュイベディ・監修
- 『恐れのない組織』（英治出版）
  エイミー・C・エドモンドソン・著／野津智子・翻訳
- 『60 分でわかるビジネスフレームワーク』（技術評論社）
  ビジネスフレームワーク研究会・著／松江英夫・監修
- 航空自衛隊連合幹部会『「翼」初夏号（No.118）』
  （航空自衛隊連合幹部会）

【制作スタッフ】

執筆・編集 ………… バウンド
本文デザイン ……… 山本真琴（design.m）
イラスト …………… 瀬川尚志
DTP ………………… バウンド

# さくいん

## 【記号・英数字】
Act（うごく） ……………………… 42,100
Act（改善） ………………………………… 46
Check（評価） ……………………………… 46
Decide（きめる） ………………………… 42,88
Do（実行） ………………………………… 46
Fail fast, Learn fast. …………………… 109
Observe（みる） ………………………… 42,52
OODA ……………………………………… 40,42
OODA ループ …………………………… 44
Orient（わかる） ………………………… 42,70
PDCA ……………………………………… 46
PDCA サイクル ………………………… 47
Plan（計画） ……………………………… 46

## 【あ行】
アクト ……………………………………… 42,100
安藤百福 …………………………………… 119
一次情報 …………………………………… 72
井上尚弥 …………………………………… 74
ウィンストン・チャーチル ………… 125
大谷翔平 …………………………………… 36
オブザーブ ……………………………… 42,52
オリエント ……………………………… 42,70

## 【か行】
危機管理 …………………………………… 30
クライシス・マネジメント ………… 30
決断 ………………………………………… 88
コウモリの眼 ……………………………… 54,62
心の眼 ……………………………………… 64

## 【さ行】
魚の眼 ……………………………………… 54,60
三現主義 …………………………………… 66
三次情報 …………………………………… 72
情報収集力 ………………………………… 70
情報処理力 ………………………………… 70
情報編集力 ………………………………… 70
情報力 ……………………………………… 70
ジョン・F・ケネディ ………………… 125
ジョン・ボイド ………………………… 40
杉原千畝 …………………………………… 94

## 【た行】
ディサイド ……………………………… 42,88
トーマス・エジソン …………………… 121
鳥の眼 ……………………………………… 54,58

## 【な行】
二次情報 …………………………………… 72

## 【は行】
判断 ………………………………………… 88

## 【ま行】
三浦知良 …………………………………… 119
虫の眼 ……………………………………… 54,56

## 【ら行】
リスク ……………………………………… 28
リスクマネジメント …………………… 28,30

【監修者プロフィール】

## 小林宏之（こばやし・ひろゆき）

● 元日本航空機長・危機管理専門家

愛知県新城市生まれ。日本航空株式会社に入社以来42年間、一度も病欠などでスケジュールの変更なく飛び続ける。乗務した路線は、日本航空が運航したすべての国際路線と主な国内線。総飛行時間18500時間。その他、首相特別便機長、湾岸危機時の邦人救出機機長などの幾多のミッションを果たし"グレート・キャプテン"と称された。日航退社後は、危機管理・リスクマネジメントの講師として多くの企業、公共機関での指導にあたる傍ら、航空評論家としても活躍中。『OODA（ウーダ）危機管理と効率・達成を叶えるマネジメント』（徳間書店）、『JALで学んだ ミスをふせぐ仕事術』（SBクリエイティブ）、『航空安全とパイロットの危機管理』（成山堂書店）など、著書多数。

---

# こどもリスクマネジメント
## なぜリスクマネジメントが大切（たいせつ）なのかがわかる本（ほん）

発行日／2024年11月26日　初版

| | |
|---|---|
| 監修 | 小林宏之 |
| 著者 | バウンド |
| 装丁者 | 山本真琴（design.m） |
| 発行人 | 坪井義哉 |
| 発行所 | 株式会社カンゼン |
| | 〒101-0021　東京都千代田区外神田2-7-1　開花ビル |
| TEL | 03 (5295) 7723 |
| FAX | 03 (5295) 7725 |
| URL | https://www.kanzen.jp/ |
| 郵便振替 | 00150-7-130339 |
| 印刷・製本 | 株式会社シナノ |

万一、落丁、乱丁などがありましたら、お取り替えいたします。
本書の写真、記事、データの無断転載、複写、放映は、
著作権の侵害となり、禁じております。
©2024 bound inc.
ISBN 978-4-86255-743-8
Printed in Japan　定価はカバーに表示してあります。